新学習指導要領対応

学習カード付き

すぐ使える！体育教材30選

体育授業実践の会 編

小学校低学年

すぐ使える！ 体育教材30選　小学校低学年
～新学習指導要領対応・学習カード付き～

- ◆年間指導計画　　　　　　　　　　　　　　　3
- ◆はじめに　　　　　　　　　　　　　　　　　4

■授業マネジメント8つのポイント

授業運営のコツ

- ①さっと集めるマネジメント ………………………………………………… 6
- ②教師の話が聞きたくなるマネジメント 7
- ③仲間と仲よく活動させるマネジメント 8
- ④用具の準備・片づけのマネジメント（体育館） 9
- ⑤短時間で行える準備・片付けのマネジメント　グランド 10
- ⑥授業の雰囲気を盛り上げるマネジメント・その気にさせるマネジメント 11
- ⑦組み合わせ単元（1時間に複数教材）で意欲と技能を高めるマネジメント 12
- ⑧学習カードの上手な使い方のマネジメント 13

■教材指導のポイント

体つくり

- ・楽しみながら基礎感覚が身につく！　おりかえしの運動 …………………… 16
- ・ジャンケンで楽しく！　①手押し車・よじ登り・おんぶ 20
- ・ジャンケンで楽しく！　②馬跳び・ブリッジ 24
- ・みんなで仲良く！　0の字跳び 28
- ・みんなで協力‼　8の字跳び 32
- ・「30秒早回し」で二重回しの素地づくり 36
- ・とべる技をふやして楽しもう！ 40
- ・ボールと友達！　投げ上げキャッチ！ 44
- ・引っこ抜き・バランス崩し 48

器械

- ・楽しく鉄棒遊び ……………………………………………………………… 52
- ・お手伝い逆上がり 56
- ・マットでコロコロ‼ 60
- ・みんなで協力！　引っこ抜き逆立ち 64
- ・かえるの足打ち・川わたり 68
- ・支持でのまたぎ乗り・またぎ下りから　開脚跳びに挑戦！ 72
- ・トントンクルン！　台上前転！ 76

走・跳

- ・夢中でかけっこ！　赤・白対抗戦 ……………………………………………… 80
- ・折り返しリレー 84
- ・目指せ高得点！　回旋リレー・障害リレー 88
- ・ねらってジャンプ！　幅とび遊び 92
- ・ぴょんぴょんとぼう！　連続ゴム跳び・ゴム高跳び 96

水泳

- ・水遊び　1年生 100
- ・水遊び　2年生 104

ゲーム

- ・どきどき、わくわく、おにごっこ 108
- ・相手をかわして！　宝運び 112
- ・はしごドッジボール 116
- ・投げて！　渡して！　ドーナツゲーム 120
- ・みんなでねらえ！　ボールけり（的当てゲーム） 124
- ・思い切り蹴って！　たまごわりサッカー 128

表現

- ・遊園地に行こう …………………………………………………………… 132

◆年間指導計画

4月	
おりかえしの運動	16
ジャンケンゲーム	20
50m走入れかえ走	80

5月	
ジャンケンゲーム	24
鉄棒遊び	52
引っこ抜き逆立ち	64

6月	
ボールと友達!	44
マットでコロコロ!!	60
水遊び　1年生	100

7月	
水遊び　2年生	104

9月	
表現遊び	132
折り返しリレー	84

10月	
お手伝い逆上がり	56
幅とび遊び	92
おにごっこ	108
宝運び	112

11月	
小型ハードル走	88
ゴム高跳び	96
はしごドッジボール	116
ドーナツゲーム	120

12月	
ボールけり（的当ゲーム）	124
長なわとび・0の字跳び	28
短なわとび・とび技をふやして	40

1月	
短なわ二重回し	36
開脚跳びに挑戦!	72
川わたり	68

2月	
台上前転	76
長なわとび・8の字跳び	32
引っこ抜き・バランス崩し	48

3月	
50m走入れかえ走	80
たまごわりサッカー	128

はじめに

　中学年に続き、低学年の本ができあがりました。先生方に日頃の体育指導でご活用いただければと思います。

　さて、2017年3月に新しい学習指導要領が、7月に解説が提示され、そこでは、全ての教科で育成すべき資質・能力として「知識・技能」「思考力・判断力・表現力」「学びに向かう力（態度）等」が示されました。体育では、運動の楽しさや喜びを味わうことができる知識・技能、自己に合った運動との関わり方や生活や社会で実践できる思考力・判断力・表現力、運動の継続につながる態度の育成ということになるようです。これを低学年レベルで考えてみると、軽視するわけではありませんが、発達段階を考えると知識にそれほど重きを置く必要はないでしょうし、中学年や高学年で示されているような特定の技能の獲得にこだわる必要もないように思います。低学年では、多様な動き・感覚を楽しみながら繰り返し取り組むことで、中学年以降に取り組む運動の基礎を培うことが主眼となるのでしょう。

　今後の教育についての国の方針は示されました。しかし、方向が示されたことで、目の前の教育がすぐに変わることにはなりません。いつの時代も、子どもたちを直接指導する先生方の尽力が何よりも重要になります。授業を通して、子どもたちの成長を実現するのは先生方だからです。

　本書では、改定された学習指導要領を踏まえながら、体育授業の充実に向けて多様な領域の教材を取り上げ、子どもたちが夢中になって取り組める内容と指導の方法を提示しています。さらに、学習が深まることと子どもたちへの学習への取り組みが意欲的になるよう学習カードも準備しました。本書をご活用いただき、子どもたちが多様な運動に夢中になって取り組むことを通して体育科で育成したい能力の向上が達成されることを、著者一同、心から願っております。

　　　　　　　　　　　　　　　　　　　体育授業実践の会　松本格之祐

授業マネジメント
8つのポイント

すぐ使える！
体育教材30選

体育授業実践の会 編

小学校低学年

授業マネジメント8つのポイント

① さっと集めるマネジメント

集合の基本隊形を決めよう！

<体育班を編成する>
・身長や男女を考慮して編成しておくと、年間を通して活用できます。
・班と列の組み合わせにより、2人組、4人組、8人組が作れます。

<教室の生活班と同じにする>
・新学年や新学期など、学級の約束が定着していない時期に有効です。
・ゲームやリレーのチームを生活班にしておくと、休み時間などにも話合いができます。

<32人学級の例>

○＝男子　◆＝女子

	8班	7班	6班	5班	4班	3班	2班	1班
4列目	○	◆	○	◆	○	◆	○	◆
3列目	◆	○	◆	○	◆	○	◆	○
2列目	○	◆	○	◆	○	◆	○	◆
1列目	◆	○	◆	○	◆	○	◆	○

身長：高←→低
教師　高←

集合場所を決めよう！

・子どもがまぶしくないよう、教師が太陽（光）に向かうようにします。
・子どもの視線の方向に、広い空間がないほうが落ち着きます。
・「運動場」→朝礼台の前、ネットの前、鉄棒の前、ロープを目印に　など
・「体育館」→ステージの前、肋木の前、黒板の前、ラインを目印に　など

並びっこゲームで約束を教えよう！

・低学年は、たくさんの約束を一度に教えられても、すぐに忘れてしまいます。ゲームをとおして、実際に体を動かす中で定着させていきましょう。

- ぶつからず、走って集まりましょう。
- 集まったら、「前へならえ！」
- 次は、集まる所を変えますよ！大丈夫かな？
- 10数えるうちに集まれるかな？1、2、3…
- 並んだら、腰をおろしましょう。
- ○班が一番早い！○さんの体育座りが上手！

・ちらばった状態から、教師の前に集まります。
・教師が位置や方向（90°、180°）を変えた所に、並びなおします。
・「10カウント以内で」「ケンケンで」「じゃんけんをして2回勝ったら」など、様々な工夫ができます。

（藤田昌一）

授業マネジメント8つのポイント

② 教師の話が聞きたくなるマネジメント

　低学年は運動が好きな子が多く、聞くより先に自然に体が動いてしまいます。また、夢中になりすぎたり、必要感を感じたりしなければ聞こうとしません。

・ポイントを明確にする。
・多くの指示や注意事項を出さない。

「今日のめあては〇〇です。」

・始めに運動をすると運動欲求が満たされ、話を聞く準備ができる。

「まず、1回リレーをします。課題は何かな。」

・実際の動きを見せながら話すと分かりやすい。

「このようにしっかりと振り上げ回ります。」

・話を聞くときの集まり方も決めておく。例えば、マット運動ではマットの置き方と児童の並び方で教師から良く見えるように集合ができる。

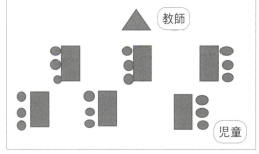

運動ができる子は聞く必要感を感じない時があります。そこで、できる子はお手本としてみんなの前で積極的に活躍させると話を聞くようになります。

教師の声の強弱、表情なども大切な要因です。話し方も工夫します。

話を良く聞いている子どもや班の態度面を常に褒めましょう。繰り返すことで教師の大切にしていることが浸透します。

教師が、かがんで子どもと目線を合わせることで「聞くスイッチ」が入るようにしておきます。

（伊藤政久）

授業マネジメント8つのポイント

③ 仲間と仲よく活動させるマネジメント

　低学年の特徴は、男女関係なく接することができるのですが、自分勝手な行動をとりやすいことが挙げられます。特にゲームでは勝敗にこだわり、負けると仲間のせいにすることもあります。そこで、①仲よく協力する場面を作ること、②ゲームでは態度面も得点とすること、の2点を継続して指導することで仲間と仲よく活動をするようになります。

仲よく活動するための協力や関わりの場面を増やす

協力して準備や片付けをしよう。

補助の仕方を覚えてお互いに補助し合えるようにしよう。

仲間の応援やアドバイスをしよう。

逆立ちをしている時間を数えてあげよう。

ゲームでは良い態度も得点として評価する

応援、運動の良い動き、アドバイス、すぐに並んだことなど良い態度面を積極的に評価していきます。

すごく良いときは3点あげてもよいでしょう。

継続が大切。良い態度を認めあうことで仲間と仲よく活動するようになります。

例：おり返しの運動の結果場面で態度面も評価

1班対2班は1班の勝ちだから2点得点です。

そして、2班も応援がすごく良かったからこちらにも1点得点です。

仲よく運動すると評価されるから大切だな。

（伊藤政久）

授業マネジメント8つのポイント

④ 用具の準備・片づけのマネジメント（体育館）

事前の準備

- 単元開始前に、教具を子どもの準備距離が短くなるように移動する（他の学年、朝会、体育館開放での使用の邪魔にならないかを確認しておく。）。

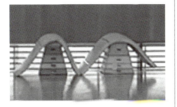

- 跳び箱や踏み切り板は台車に置くことで、一度に準備・片付けができる。跳び箱の台車に大きく数字を書いたり、跳び箱に色を塗り分けたりしておくと、指示しやすい。

準備の仕方

- マットは4隅を4人で両手で持たせる。3人の場合は1人が中央。
- 教具を運ぶ距離が遠い班から1班ごと準備の取り掛かりを指示すると、混乱が少なくなる。

- 跳び箱は2人で声を合わせて持ったり下ろしたりさせる。2段目以降は2段分一緒でよい。

準備の教え方

- 教具を置く位置を体育館にあるラインを使い、指示する。
- 1つ班を例にして実際に見せる。
- マットを先に跳び箱を後から運ぶ。

片づけの仕方

- 同じ教具を同時に行うと混む。「1～4班はマットから」、「5～8班は跳び箱から」等々、分けて片づけさせる。

- 準備ができたら、よい姿勢で待っていることもよいのですが、学習が進み、運動の安全な取り組み方を学んだあとであれば、「運動をしながら」全体の準備が終わるのを待たせます。特に「ゆりかご」などは安全にできます。
- 準備に駆け足で向かうグループや他の班を手伝うグループなどを、大きな声で褒めることで、子どもたちはさらに準備や片づけに意欲的に臨むようになります。

（岩﨑真之介）

授業マネジメント8つのポイント

⑤ 短時間で行える準備・片付けの マネジメント　グランド

＊先生も子どももすぐに楽に運べるよう、軽い、簡単がなにより大事です。

・ボールはネットで運ぶと簡単です。
サンタの袋のように運ばせれば、低学年でも楽に運べます。

・用具を置く場所をわかりやすくします。
ラインでもかまいません。
・長なわなどはかごに入れて運びます。

・倉庫＝授業でよく使うもの（コーンなど）は、出しやすい位置に配置します。

・ジャンピングボードなど、重いが上手になるための教具は、体育委員に出してもらいましょう。

・かけっこ、川跳びなどは、ラインマークをしておくと、すぐにラインが引けます。

・川跳びの目標☞アルミポールと平ゴム　ゴムマットですぐに準備ができます。

・自分のタオルがわかるビニル製ロープで位置を決めます。

（木下光正）

授業マネジメント8つのポイント

⑥ 授業の雰囲気を盛り上げるマネジメント・その気にさせるマネジメント

全体の雰囲気が盛り上がり、全員がその気になっている授業とは？

「勢いのある授業」と言うことができます。どうしたら、「勢い」がつくのでしょう。

①積極的な言葉かけができる学級集団→「笑顔」「拍手」「素晴らしい」「もう少し」

　先生の笑顔と応援・評価が、一番大切です。先生が笑顔でいれば、子どもたちも笑顔になります。叱るよりもよい子を見つけて笑顔で「すごい！」と褒めると、雰囲気はよくなります。また、先生が、負けているチームに一所懸命声援を送れば、子どもたちも感じとり真似をします。さらに、「大きな声で褒める評価」を実行しましょう。

　先生の笑顔と応援・評価が肯定的な雰囲気を生み出していきます。

②低学年の子どもをその気にさせる→教師自身が「褒める」ことを意識する

　低学年の子どもたちは、自分と他者との相対的な比較ではなく、自分の伸びを評価され、褒められると嬉しくなります。そして、また褒められようと活動します。

　また、仲間が褒められると自分も褒められようと、その真似をします。このようなプラス要素を活かし、授業の中で数多く評価することを意識して授業に臨んでください。

③プラス評価の声かけを多くする→教師の「評価軸」をたくさん持つ

　取り組んでいる技や運動の出来映えについては、褒める評価がよくなされます。しかし、「知識及び技能」だけでなく、「表現力、判断力、表現力等」「学びに向かう力、人間性等」も褒めるようにしたいですね。具体的な評価軸は以下の通りです。

○並んで挨拶・応援を評価する
・大きな声を出している
・相手と握手をしている
・ゲーム前後やゲーム中の声かけ

○補助（お手伝い）を評価する
・補助の仕方を教え、補助できた時には、補助をした子も「お手伝いが上手だからできたね」と褒める

○技能の伸びを評価する
・10秒間という目標やできる回数を数えると「やり抜く気持ち」が高まる

○運動の見方を評価する
・技能ポイントは、上手な子をモデルに発見させ共通理解する→理解したポイントを教え合う

（弘中幸伸）

授業マネジメント8つのポイント

⑦ 組み合わせ単元（1時間に複数教材）で意欲と技能を高めるマネジメント

組み合わせ単元

「組み合わせ単元」は、1単位時間の中で複数の領域・種目を取り上げることを指します。具体的に6時間扱いは通常45分×6回（270分）の指導であり、2週間で終了します。ところが1回に30分であれば9回・3週間、15分の指導で18回・6週間、10分で27回・9週間にわたって取り上げることが可能になります。

基礎感覚・動きの定着と引き締まった授業

ある動き・技能を向上・獲得することを可能にするためには、繰り返し運動に取り組むことを保障する必要があります。すでに述べたように、1回に取り上げる時間が短ければ対象となる運動を繰り返し取り上げることが可能になり、基礎感覚・動きの定着が期待できます。技能の習得に必要不可欠な基礎感覚・動きの定着は組み合わせ単元によって可能になります。

「間延びしているなぁ」という感想を抱く単独単元の授業があります。そのような授業は、先生の話が必要以上に長かったり、話し合いの時間が雑談の時間になっていたり、準備や片付け・移動に時間がかかりすぎています。そこで、組み合わせ単元で運動していない時間を見直すことによって運動時間が確保され、集中した取り組みが展開されるといった引き締まった授業に改善することができ、学習成果をあげることが期待できます。

組み合わせ単元・帯単元の効果的な活用

低学年は1つの活動のまとまりは長くて15分でしょう。つまり、1回の授業で15分×3つの活動を準備しておくということです。3つの活動が同じ領域の運動であってもよいでしょうし、他の領域でも構いません。また、低学年は自分のできることに繰り返し取り組むことが大好きです。学習指導要領が「○○遊び」となっているのはそのためです。多様な体の動かし方や動く感覚を経験させ、身につけさせるようにしたいですね。

一方、中・高学年でも1回の授業で2つの内容を取り上げることは十分に可能です。ぜひ組み合わせ単元にチャレンジしてください。

ただし、グループづくりや基礎技能を高める運動とその取り組み方、用具の準備・片付け等を理解させる1回目の授業、着替えや準備運動等で時間がかかる水泳の授業等では、組み合わせを避けた方がよい場合もあります。

（松本格之祐）

授業マネジメント8つのポイント

⑧ 学習カードの上手な使い方のマネジメント

わかりやすい！　書きやすい！　使いやすい！

①わかりやすく

　授業がやりっぱなしでよいわけはありません。しかし、活動欲求が高い低学年の子どもに、体育の授業での取り組みについて細かく記録させることには無理があります。したがって、イラストを載せたり、記録する欄をわかりやすくする必要があります。

②書きやすく

　文字を書かせるよりも、○や△といった記号や数字を書くというように簡便に済ませられるようにしておくことです。教師がシールを貼ることもできるでしょう。

③使いやすく

　かつて、厚くて硬い板目紙をバインダー代わりに使用して記録用紙として使わせたことがありました。今ならば安価なバインダーを低学年の子にも用意できるでしょう。運動によってはグループで1枚ということもあるでしょう。筆記用具も準備しておくとよいでしょう。

本書のカードを参考にして、自分の学級にあったカード作りに挑戦しよう！

　本書の特徴として、30の体育教材全てに学習カードがついています。ただし、これらは執筆者が自身の実践に合わせて作成したものです。そのままコピーして授業で使える場合もあるでしょうが、できれば各学級に合った学習カードにしたいものです。

　たとえば、目標（例：グループや学級としての伸びも記入したい）が変わればカードもそれに対応したものになるでしょうし、学級や学校による学習環境の違いが学習カードの違いにもなるでしょう。

万能型の学習カード

　参考までに、1年生で使用した学習カードを紹介します。

　その日に取り組んだ運動とその結果を記入していく記録用紙です。1年生の初期は全て教師の方で聞き取って記録していましたが、それでは時間がかかります。しかし、「子どもたちの実態も把握しておきたい」ということで使った記録用紙です。

「1の2・2はんのきろく」

月／日	みずむらサン	おざわサン	かわもとサン	おかださン	運動の名前
／					
／					
／					

（松本格之祐）

第1学年及び第2学年「内容」(小学校学習指導要領 第2章第9節体育)

A 体つくりの運動遊び
　（1）　次の運動遊びの楽しさに触れ、その行い方を知るとともに、体を動かす心地よさを味わったり、基本的な動きを身に付けたりすること。
　　ア　体ほぐしの運動遊びでは、手軽な運動遊びを行い、心と体の変化に気付いたり、みんなで関わり合ったりすること。
　　イ　多様な動きをつくる運動遊びでは、体のバランスをとる動き、体を移動する動き、用具を操作する動き、力試しの動きをすること。
　（2）　体をほぐしたり多様な動きをつくったりする遊び方を工夫するとともに、考えたことを友達に伝えること。
　（3）　運動遊びに進んで取り組み、きまりを守り誰とでも仲よく運動をしたり、場の安全に気を付けたりすること。

B 器械・器具を使っての運動遊び
　（1）　次の運動遊びの楽しさに触れ、その行い方を知るとともに、その動きを身に付けること。
　　ア　固定施設を使った運動遊びでは、登り下りや懸垂移行、渡り歩きや跳び下りをすること。
　　イ　マットを使った運動遊びでは、いろいろな方向への転がり、手で支えての体の保持や回転をすること。
　　ウ　鉄棒を使った運動遊びでは、支持しての揺れや上がり下り、ぶら下がりや易しい回転をすること。
　　エ　跳び箱を使った運動遊びでは、跳び乗りや跳び下り、手を着いてのまたぎ乗りやまたぎ下りをすること。
　（2）　器械・器具を用いた簡単な遊び方を工夫するとともに、考えたことを友達に伝えること。
　（3）　運動遊びに進んで取り組み、順番やきまりを守り誰とでも仲よく運動をしたり、場や器械・器具の安全に気を付けたりすること。

C 走・跳の運動遊び
　（1）　次の運動遊びの楽しさに触れ、その行い方を知るとともに、その動きを身に付けること。
　　ア　走の運動遊びでは、いろいろな方向に走ったり、低い障害物を走り越えたりすること。
　　イ　跳の運動遊びでは、前方や上方に跳んだり、連続して跳んだりすること。
　（2）　走ったり跳んだりする簡単な遊び方を工夫するとともに、考えたことを友達に伝えること。
　（3）　運動遊びに進んで取り組み、順番やきまりを守り誰とでも仲よく運動をしたり、勝敗を受け入れたり、場の安全に気を付けたりすること。

D 水遊び
　（1）　次の運動遊びの楽しさに触れ、その行い方を知るとともに、その動きを身に付けること。
　　ア　水の中を移動する運動遊びでは、水につかって歩いたり走ったりすること。
　　イ　もぐる・浮く運動遊びでは、息を止めたり吐いたりしながら、水にもぐったり浮いたりすること。
　（2）　水の中を移動したり、もぐったり浮いたりする簡単な遊び方を工夫するとともに、考えたことを友達に伝えること。
　（3）　運動遊びに進んで取り組み、順番やきまりを守り誰とでも仲よく運動をしたり、水遊びの心得を守って安全に気を付けたりすること。

E ゲーム
　（1）　次の運動遊びの楽しさに触れ、その行い方を知るとともに、易しいゲームをすること。
　　ア　ボールゲームでは、簡単なボール操作と攻めや守りの動きによって、易しいゲームをすること。
　　イ　鬼遊びでは、一定の区域で、逃げる、追いかける、陣地を取り合うなどをすること。
　（2）　簡単な規則を工夫したり、攻め方を選んだりするとともに、考えたことを友達に伝えること。
　（3）　運動遊びに進んで取り組み、規則を守り誰とでも仲よく運動をしたり、勝敗を受け入れたり、場や用具の安全に気を付けたりすること。

F 表現リズム遊び
　（1）　次の運動遊びの楽しさに触れ、その行い方を知るとともに、題材になりきったりリズムに乗ったりして踊ること。
　　ア　表現遊びでは、身近な題材の特徴を捉え、全身で踊ること。
　　イ　リズム遊びでは、軽快なリズムに乗って踊ること。
　（2）　身近な題材の特徴を捉えて踊ったり、軽快なリズムに乗って踊ったりする簡単な踊り方を工夫するとともに、考えたことを友達に伝えること。
　（3）　運動遊びに進んで取り組み、誰とでも仲よく踊ったり、場の安全に気を付けたりすること。

教材指導のポイント

体つくり

楽しみながら基礎感覚が身につく！おりかえしの運動

教材のよさ
・事前の準備が必要なく、子どもが誰でも簡単にでき、基礎感覚を養うことができる。
・様々な運動を組み合わせたり、リレー形式で行ったり、飽きずに楽しみながら取り組むことができる。

【ステップ2】じゃんけんを取り入れたおりかえしの運動

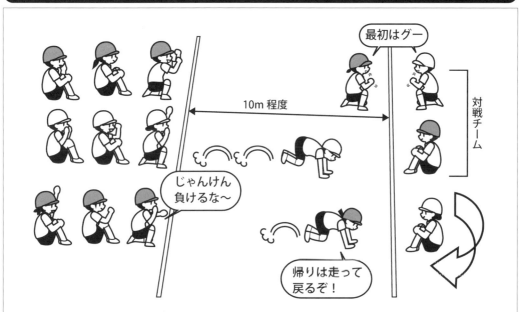

【運動の行い方】
・1チーム4～5人の2チーム対抗戦
・人数が少ないチームは、2回行う子どもは交替しながら行う。
・合図で先頭の子どもがスタートし、動物走りでおりかえしのラインまで進む。
・折り返しラインの後ろ（1m程度）に相手チームの子どもが座って待ち（ジャンケンマン）、進んできた子とじゃんけんをする。
・相手のジャンケンマンにジャンケンで勝つことができたら、ゴールラインに戻ることができる。負けた場合は、その場でカエルの足打ちをしたり、ジャンケンマンの後ろを回ったりして戻る（勝敗の未確定性の保障）。
・戻る際は、走って次の子どもにタッチする。
・アンカー（最後の子ども）が座り、全員が手を挙げたらゴール。早いチームの勝ち。

【ねらい・単元計画】1回25分程度
○多様な動きを取り入れることで運動の基礎的な感覚を身につけることができる。
○運動に全力で取り組み、チームで応援し合い、協力して競争することができる。

1～10	
【感覚と技能のベースづくり】動物歩き	
【ステップ1】動物リレーをしよう	【ステップ2】発展バージョン

【感覚と技能のベースづくり】

○クマさん走り　　　　　　　　　○あざらし（両手歩き）

・できるだけ長く手足を動かして進む　　・肘を伸ばし（曲げない）、手でかいて進む
・手は「パー」でしっかり床に着ける

○うさぎとび

・腕を大きく振り出す　　・腰を上げて遠くへ着手　　・頭をしっかり起こし、足よりも前に手をつき出して着地

○かえる跳び（開脚のうさぎとび）　　　　　○カンガルー跳び（両足とび）

・足は手の外側

○くも

・お尻が床に着かないようにする。
・手・足・手・足と動かして進む。
・前後に進める。

⇐　　⇒
後ろ　前

・帽子を膝ではさむと両足で跳ぶ動きを確認できる

【運動の行い方】

・4～5人の班をつくる（生活班でよい）。
・8～10mの距離をおりかえして運動する。
・動物の動きでラインまで行き、帰りは走って戻る。
・1人ずつ順番に行う。
・全員が終わったら、次の動物の動きに変える。

スタートライン
ゴールライン　　　折り返しライン

【ワンポイントアドバイス】

○身につけさせたい基礎感覚のポイントを押さえて指導する。
○よい動きができた子に手本をさせて全員で見合い、確認する場面を設定する。

【ステップ１】動物リレーをしよう

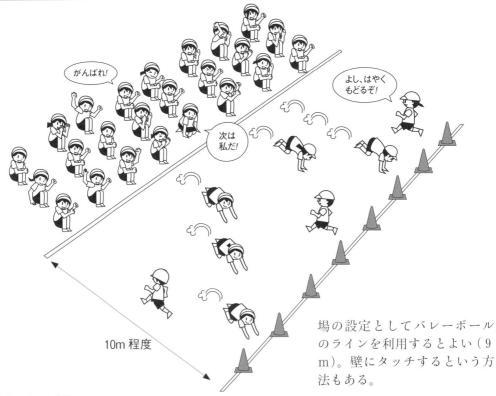

10m 程度

場の設定としてバレーボールのラインを利用するとよい（9m）。壁にタッチするという方法もある。

【運動の行い方】
・１チーム４～５人で行う。人数が少ないチームは、２回行う子どもを決めておく。
・合図で先頭の子どもがスタートする。
・動物走りでおりかえしのラインまで進む。
・帰りは走って、次の子どもにタッチする。
・アンカー（最後の子ども）で判定する。全員が終わったら手を挙げさせる。
・８班あれば、７班ポイントを与えてよい。

★ここが大切!!　運動の方法
・動物の動き以外の運動を取り入れることができる。（ケンケンやスキップ、手押し車、大また歩きなど）
・真ん中にマットを置いて、前転（60ページ参照）などを行うことができる。

【ワンポイントアドバイス】
・順位の結果だけではなく、学習規律のよいチームも評価をする。
　○ルールを守っている　　○全員が終わるまでしっかり待っている
　○応援をしている　　　　○素早く移動し、準備をしている　など

■学習カード

おりかえしのうんどう

ねん　　くみ　　ばん　　なまえ

◇とりくんだうんどうに○をつけましょう◇

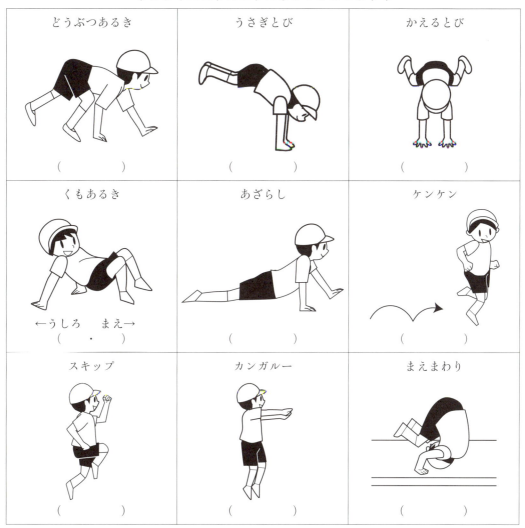

◇がくしゅうのふりかえり◇

よくできた◎　できた○　もう少し△	
ちからいっぱいうんどうできました。	
はなしをしっかりきくことができました。	
よいしせいでまつことができました。	
大きなこえでおうえんできました。	

評価：○全力で動くことができる　◎リズミカル・なめらかにできる

（倉内唯気）

体つくり

ジャンケンで楽しく！
①手押し車・よじ登り・おんぶ

教材のよさ　・友だち関わり、楽しみながら基礎感覚を養うことができる。

【ステップ3】2人でジャンケンゲーム（団体戦）

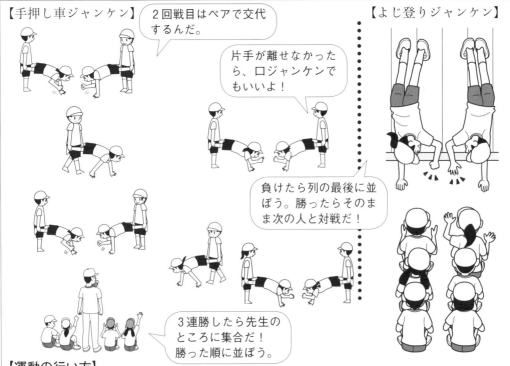

【手押し車ジャンケン】2回戦目はペアで交代するんだ。

片手が離せなかったら、口ジャンケンでもいいよ！

【よじ登りジャンケン】

負けたら列の最後に並ぼう。勝ったらそのまま次の人と対戦だ！

3連勝したら先生のところに集合だ！勝った順に並ぼう。

【運動の行い方】
- クラス全体を2チーム（赤白や男女など）に分ける。チーム内2人1組で行う。1人余る場合は、3人組にするか、教師と組む。2回戦目は交代する。
- 手押し車ジャンケンでは、スタートの合図で動き回り、相手チームの子とジャンケンをする。相手を変えながら続け、3回で勝ち抜けとする。おんぶも同じやり方で行う。
- ゲーム時間は、1回戦につき2分程度とする。ただし、両方のチームが勝てるように、2回戦目以降は、負けているチームの勝ち抜け人数が上回ったところで終了してもよい。
- よじ登りは、ペアは作らず、それぞれのチーム（班）で列に並び、勝ち残り戦にする。
- 入れ替え戦方式（85ページ参照）で、一定時間（2分程度）行う。

※ジャンケンゲームでは、負けの罰ゲームにならないように、勝った方に運動を行わせる。

【ねらい・単元計画】1回20分程度

○友だちと関わり合いながら、運動の行い方を知り、基本的な動きを身につけることができる。

1〜3　※よじ登りは4時間	4〜6
【感覚と技能のベースづくり】腕で体を支える運動（折り返しの運動）	
【ステップ1】動きの確認＆片手離し	【ステップ2】2人チームで団体戦

【感覚と技能のベースづくり】腕で体を支える運動

<手足走り>

手のひらをしっかり着き、腰を上げよう！

<アザラシ歩き>

手を交互に前に出し、足を引きずって進むよ！

<カエルの足打ち>

床を見ながら手を肩幅に開き、肘に力を入れるんだ。

★ここが大切!!　運動の方法
・手足走りは、手を着いて走ることができればよい。
・アザラシ歩きは、肘を伸ばし、膝を着かずに進む。
・カエルの足打ちは、腰を上げ、足を何回打てたかを競わせてもよい。
※これらの運動については、回数を重ねることで動きや感覚が高まってくるので、動きは上記のポイントが抑えられていればよい。また、18ページで紹介している折り返しの運動で行うと、効率よく運動量の保障ができる。

【ステップ1】動きを確認しよう

★ここが大切!!　運動の方法

<手押し車>
・歩く前に、姿勢ができているかを確認する。

足首をつかんで片脚ずつ持ち上げるよ。手を腰に着けると歩きやすいね。

手をしっかり開いて、肘、お腹、背中、膝に力を入れるよ。体を真っ直ぐにしよう！

<よじ登り>
・最初は、肋木で行ってもよい。

手をしっかり開いて、足の指の付け根を使ってゆっくり登ろう。背中が反らないように肘とお腹に力を入れるよ！

両足は上履き1足分開こう！

<おんぶ>
・走り回りや振り回し、飛び乗りなどをさせない。

※できるようになったら、「1、2、3……、10」と数えながらゆっくり歩き（よじ登りは静止）、支持や背負う時間をだんだん延ばしていく。「5歩で合格、10歩で達人」など、できそうな課題を発展させると子どもの意欲が増す。

肩に手を掛けてゆっくり乗るよ。

中腰に構えて、背中を伸ばそう。両脚をしっかり持つよ！

【ステップ2】片手を離してみよう

★ここが大切!!　運動の方法
・安定しない子には無理をさせない。その場合、教師が手伝いをして、感覚をつかませる。
・手を離す時間を少しずつ（2秒→4秒→6秒→……）伸ばしていき、慣れてきたら、その場でジャンケンを行う。片手を離すことができない場合は、口ジャンケンでもよい。

【ワンポイントアドバイス】

①手押し車からよじ登りへ

手押し車の姿勢から、足を少しずつ上げていくと、よじ登りの姿勢になる。歩かずに姿勢をとるだけでよい。動きのポイントに共通項が多いため、手押し車から始めていくとよい。

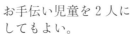

②運動の終わりの約束

「止め」の合図で安心し、姿勢を急に崩してしまうことで、転倒し怪我をすることがある。ゆっくり元の姿勢に戻すことを約束事とする。

■学習カード

てぉしぐるま・よじのぼり・おんぶ

ねん　　くみ　　ばん　　なまえ

＜てぉしぐるま＞

レベル		できたら〇をつけよう		
1	てぉしぐるまのしせいになる	5びょう	10びょう	
2	てぉしぐるまであるく	5ほ	10ぽ	
3	てぉしぐるまでかたてになる	みぎ	ひだり	

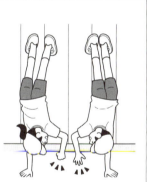

＜よじのぼり＞

レベル		できたら〇をつけよう
1	よじのぼりのしせいになる	2 ・ 4 ・ 6 8 ・ 10　びょう
2	よじのぼりでかたてだちする	2 ・ 4 ・ 6 8 ・ 10　びょう
3	よじのぼりでみぎて・ひだりてりょうほうでかたてだちする	2 ・ 4 ・ 6 8 ・ 10　びょう

＜おんぶ＞

レベル		できたら〇をつけよう
1	ともだちのうえにのる	2 ・ 4 ・ 6 8 ・ 10　びょう
2	ともだちをのせる	2 ・ 4 ・ 6 8 ・ 10　びょう
3	ともだちをのせてあるく	2 ・ 4 ・ 6 8 ・ 10　びょう

評価：〇運動の姿勢を取る　◎片手で運動をする

（佐藤哲也）

体つくり

ジャンケンで楽しく！
②馬跳び・ブリッジ

教材のよさ　・友だち関わり、楽しみながら基礎感覚を養うことができる。

【ステップ3】　2人でジャンケンゲーム（団体戦）

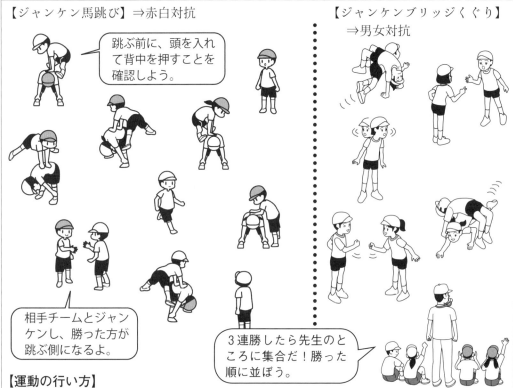

【ジャンケン馬跳び】⇒赤白対抗

跳ぶ前に、頭を入れて背中を押すことを確認しよう。

相手チームとジャンケンし、勝った方が跳ぶ側になるよ。

【ジャンケンブリッジくぐり】⇒男女対抗

3連勝したら先生のところに集合だ！勝った順に並ぼう。

【運動の行い方】
・クラス全体を2チーム（赤白や男女など）に分ける。
・スタートの合図で動き回り、相手チームの子とジャンケンをする。相手を変えながら続け、3回勝ったら勝ち抜けとする。
・ゲーム時間は、1回戦につき2分程度とする。ただし、両方のチームが勝てるように、2回戦目以降は、負けているチームの勝ち抜け人数が上回ったところで終了してもよい。
・ブリッジくぐりも同じやり方で行う。
※ジャンケンゲームでは、負けの罰ゲームにならないように、勝った方に馬とびやブリッジを行わせる。身長が違う場合は、2の馬など低い馬にさせる。

【ねらい・単元計画】　1回20分程度
○友だちと関わり合いながら、運動の行い方を知り、動きを身につけることができる。

1・2	3～6
【感覚と技能のベースづくり】折り返しの運動　など	
【ステップ1】平均台ドンジャンケン 姿勢と動きの確認	【ステップ2】連続馬跳び・ブリッジくぐり 2人でジャンケンゲーム

【感覚と技能のベースづくり】腕の突き放し・仰向けの姿勢

<ウサギ跳び>　　　　　　　　　　　　　<クモ歩き>

<カエル跳び（開脚ウサギ跳び）>　　　<やじろべえ>

★ここが大切!!　運動の方法
・クモ歩きは、前歩き・後ろ歩きそれぞれ行う。背中を着かずに進めればよい。ウサギ跳び、カエル跳びと合わせて、18ページで紹介している折り返しの運動で行う。

【ステップ1】動きを確認しよう

★ここが大切!!　運動の方法

<馬跳び>
・3段階の馬を作り、自分に合った高さを選ぶようにする。

1の馬　　　　　　　　　2の馬　　　　　　　　　3の馬

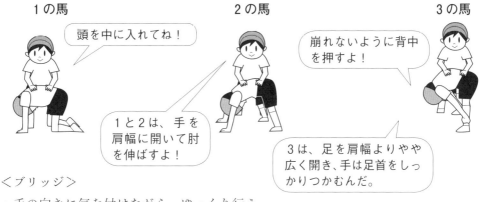

<ブリッジ>
・手の向きに気を付けながら、ゆっくり行う。

【ステップ2】連続往復馬跳び・ブリッジくぐり

＜30秒連続馬跳び＞　　　　　　　　　　　　　　　　　　　　　＜ブリッジくぐり＞

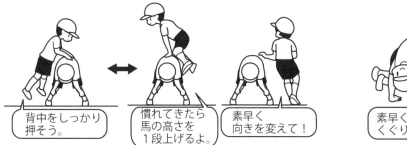

- 背中をしっかり押そう。
- 慣れてきたら馬の高さを1段上げるよ。
- 素早く向きを変えて！
- 素早くくぐり抜けよう！

★ここが大切!!　運動の方法

・誰の馬が跳びやすかったか、ブリッジが通り抜けやすかったかを聞き、安定した姿勢を全体で確認するとよい。

・「（馬跳び）30秒で何回できるかな」「（ブリッジ）くぐったら集合しよう」など時間や回数・内容の制限を加えることで、児童の意欲や集中力が増す。また、個人だけでなく、グループやクラスの合計回数を出すことで、達成感を共有できる。

【ワンポイントアドバイス】

①教師によるお手伝い

馬の確認やブリッジの補助は、最初は教師が体に触れながら行うことで、児童は感覚や力の入れ方が分かるだけでなく、安心感が得られる。

- 背中を押す。
- 前腕と腿の後ろを支え、前に押す。
- 腰と背中を持ち押し上げる。
- 手でしっかり押してね

②基礎感覚を高めるために

馬跳びの中にある「ジャンプ」「腕支持」「手の突き放し」「両足着地」などの感覚を身に付けさせるために、下記の動きを毎時間、準備運動として行うとよい。

＜ケンパー跳び＞　　＜カエルの足打ち＞　　＜カンガルー＞

- ケン　パー
- パンパン
- 3回打てるかな
- トントンとリズムよく
- 両足一緒にジャンプする

■学習カード

うまとび・ブリッジ

ねん　　くみ　　ばん　　なまえ

＜うまとび＞

	1の馬	2の馬	3の馬
5かい できたら○			
10かい できたら○			
30びょう	かい ／ かい	かい ／ かい	かい ／ かい

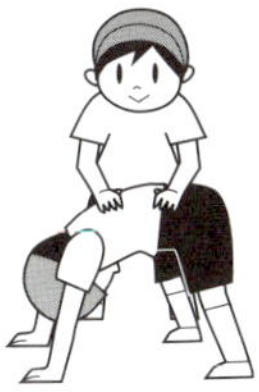

＜ブリッジ＞

ないよう		できたらすうじに○をつけよう	
やじろべえのしせい	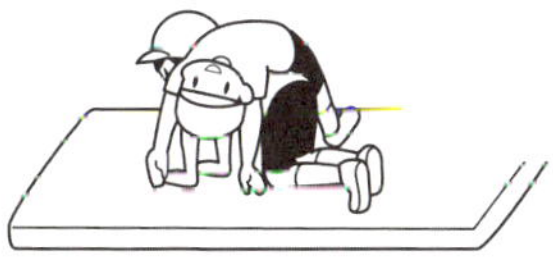	3 ・ 5 ・ 10 びょう	
ブリッジのしせい	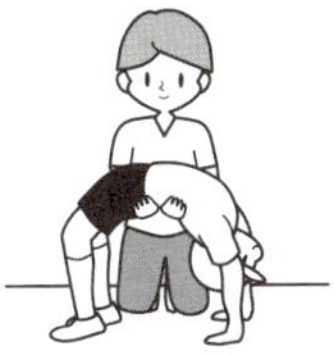	おてつだいあり 3 ・ 5 ・ 10 びょう	おてつだいなし 5 ・ 10 びょう
ブリッジくぐり ※ともだちをくぐらせた かいすう		1 ・ 2 ・ 4 ・ 6 かい	

評価　○正しい動きができる　◎一定回数（秒数）ができる

（佐藤哲也）

体つくり

体つくり

みんなで仲良く！ 0の字跳び

教材のよさ ・なわを回したり、なわの中でとんだり、出たりすることを通して、仲良く学習することができる。

【ステップ3】 0の字跳び

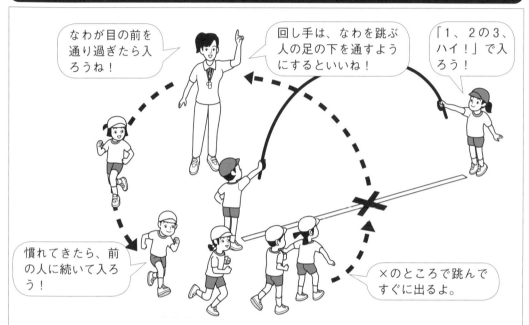

【運動の行い方】
- なわの操作を考慮し、グループ（班）は身長順の4人程度（回し手を入れて）。跳んだり、回したりすることが少し上手になったら、8人程度のグループ（2班合同）で取り組む。なわの長さ4m。
- 回し手は3周に1回位で交代する。5時間目くらいからは、引っかかったら順番に交代する（引っかかった子ではない）。
- 跳ぶ子は、回している人のすぐ横に立ち、なわを跳んだら0の字を描くように元の位置に戻る。最初は間を空けてよいので、慣れてきたら間を空けずに行う。
- 跳ぶ、回す位置のめやすとして、体育館ではラインを利用して、ラインが交錯した位置になわが当たるようにする。また、校庭ではラインを引き、中央に×印をつける。
- 一定時間（1～2分）で引っかからずに跳べた回数を記録する。
- グループの最高記録を合計して、クラスの記録をとることで、一体感やクラスの伸びを実感させるようにする。
- ☞ 跳ぶ子が引っかかったら、転倒しないよう回し手は、なわをはなす。

【ねらい・単元計画】 1回25分程度
○0の字跳びができる。

1・2	3～7	8～10
【感覚と技能のベースづくり】なわの持ち方・回し方		
【ステップ1】大波・小波	【ステップ2】くぐり抜け	【ステップ3】0の字跳び

【感覚と技能のベースづくり】

①なわの持ち方　　　　　　　　②なわの回し方

- 長なわの両端には、滑り止めを結び目を作り、ビニールテープを巻いておくとほつれにくい。
- しっかりとなわを握り、くるっと回転させて手の中に巻きつけて持つ。引っかかったら離す。

- 肩を支点にして腕全体を大きく動かして回す。
- 利き手でなわを持って、2人でタイミングを合わせてゆっくり回し始める。
- なわの上下の動きに合わせ、膝を曲げ伸ばしすると、2人のリズムが合い、スムーズに回し続けることができる。

【ステップ1】大波・小波

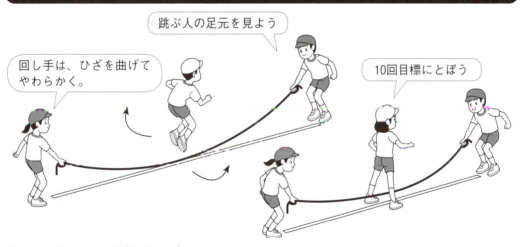

回し手は、ひざを曲げてやわらかく。
跳ぶ人の足元を見よう
10回目標にとぼう

★ここが大切!!　運動の行い方

- 1班4人程度（回し手を入れて）で行う。また、なわをゆらし始めるタイミングが難しいので、最初は、「せーの」と声を出しながら行わせる。
- 跳ぶ子は、なわの横に立ち、ゆれ戻ったなわを跳び（「おーなみこーなーみーで」）、回旋するなわを跳び（「ぐるりと回して」）、なわを挟んで止める（「ねーこのめ」）。
- 慣れてきたら、左右にゆれるなわに横から入って跳ぶ。
- なわの回転が速くなってひっかかるので、ゆっくり大きく回すことを意識させる。
- なわ回しは全員に経験させる。
- 大波小波の歌を最初に教える。

【ステップ2】くぐり抜け

★ここが大切!!　運動の行い方
- 1班4人程度（回し手を入れて）で行う。
- なわはモデルを示して、タン・タン・タンとゆっくりしたリズムで回させる。
- なわが、上から下に来る方で待ち、目の前を通過したなわを追いかけるようにしてくぐりぬけ、元の位置に戻る。入れない子には、後ろの子が背中を押す。
- なわの回旋や跳ぶ位置の目印として、体育館では、ラインを利用し、校庭ではラインを引くとよい。
- 1グループ8人程度（回し手を入れて）で地面に0の字を書いて練習する。
- 回す人の横に立ち、ななめから入り、なわの中央で、つま先で跳んで出る。
- 初めは両足で跳び、慣れてきたら、走りながら片足で跳んで出る。
- 回し手は、ゆっくり回し、「1、2の3、ハイ!」と声をかけ、入るタイミングを伝える。

【ステップ3（発展）】人数跳び（2人・3人・4人）

★ここが大切!!　運動の行い方
- 最初はなわの横に立ち、「せーの」で、回して跳ぶ。慣れたらなわの正面で手をつなぎ、「せーの」と声をかけて入る。
- 2人で跳ぶ回数が20回程度できたら、3人や4人同時跳びに挑戦させる。

【ワンポイントアドバイス】

①なわの長さや太さ

- なわは、10m幅で、長さ4m程度が回しやすく、この長さだと、全ての学年で使うことができる。
- なわの先を結び、ビニールテープを巻くとほつれない。

②なわの動き

なわが地面に当たるようにね

- 回す人が「せーの」と声をかけ合いながら丁寧になわを動かすようにする。
- 横から見るとなわがきれいな半円になるように動かす。

■学習カード

ながなわとび

ねん　　くみ　　ばん　　なまえ

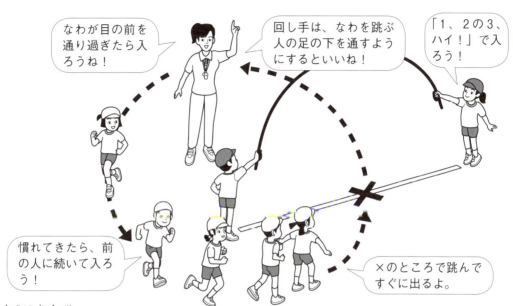

★0のじとび

	1かいめ	2かいめ	3かいめ	4かいめ	5かいめ
はんの さいこうろく	かい	かい	かい	かい	かい
クラスの ごうけい	かい	かい	かい	かい	かい
はいってとべる （できたら○）					
まえのひととつ づけてはいれる （できたら○）					
なわをまわす （できたら○）					

★ながなわとびのコツをかこう（ながなわとびのがくしゅうがおわったら）

まわしかた	
とびかた	

評価：○ 0の字跳びができる　◎連続0の字跳びができる

（萩原雄磨）

体つくり

みんなで協力!! 8の字跳び

教材のよさ　・友達と協力しながら、回転しているなわに連続で入り、なわの中で跳んで、出ることで、達成感を味わうことができる。

【ステップ3】8の字跳び

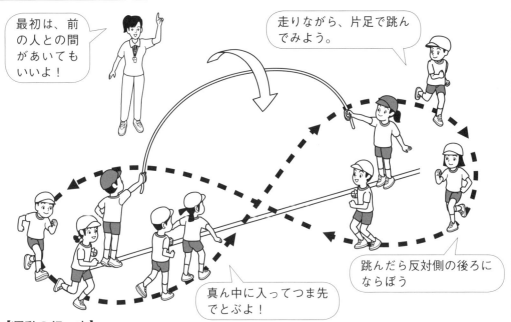

最初は、前の人との間があいてもいいよ！

走りながら、片足で跳んでみよう。

跳んだら反対側の後ろにならぼう

真ん中に入ってつま先でとぶよ！

【運動の行い方】
・なわの操作を考慮し、身長順の8〜10人程度のグループで編成する。（1班4人×2班）回し手は3周に1回位で交代する。（なわの長さは4m程度）
・最初は地面に8の字を描くと、動きのイメージが掴める。
・回す人の横に立ち、ななめから入り、なわの中央で、つま先で1回跳んで出る。
・最初は両足で跳んでもよい。下りたらすぐ抜ける。慣れてきたら、走りながら片足で跳んで出る。
・回し手は、ゆっくり回し、「1、2の3、ハイ！」と声をかけ、入るタイミングを伝える。
・0の字跳び（28ページ）同様、ラインを利用すると、跳ぶ、回す位置がわかってよい。校庭ではラインを引き、中央に×印をつけることで、跳ぶ目安になる。
・一定時間（5〜7分程度×2〜3回）行い、引っかからずに跳べた回数を記録する。
・グループの最高記録を合計し、クラスの記録をとることで、全体の伸びを実感させる。

【ねらい・単元計画】1回25分程度
○8の字跳びができる。

1	2〜4	5〜10
【感覚と技能のベースづくり】ゆうびんやさん		
【ステップ1】大波・小波・くぐりぬけ	【ステップ2】0の字跳び	【ステップ3】8の字跳び

【感覚と技能のベースづくり】

ゆうびんやさん

なわの横に立つ　　戻ってきたなわを跳ぶ　　回旋するなわを連続で跳ぶ

- 1班4人程度（回し手を入れて）で行う。
- 最初は、なわの横に跳ぶ子が立って準備する。
- 回す子の「せーの」の合図で、跳ぶ子の反対側になわを振り出し、戻ってきたなわを跳びこす。（「ゆうびんやさ～んのおとしもの　ひろ～ってあげましょ」）、回旋するなわを連続して跳び続ける。（「1まい・2まい・3まい……10まい」）
- 「ありがとさん」のなわまたぎができなくても、10回跳べたら合格とする。
- 跳ぶ子は、中央で跳ぶように意識し、ずれてしまった場合は回す人が声をかける。
- ゆうびんやさん以外に、「大波・小波（29ページ参照）」に取り組ませてもよい。

【ステップ1】くぐり抜け

- 1班4人程度（回し手を入れて）で行う。
- なわが、上から下に来る方で待ち、目の前を通過したなわを追いかけるようにしてくぐりぬけ、元の位置に戻る。
- 入れない子には、後ろの子が背中を「今」と声をかけ押してあげるとよい。
- なわの回旋や跳ぶ位置の目印として、体育館では、ラインを利用し、校庭ではラインを引くとよい。

【ステップ２】０の字跳び

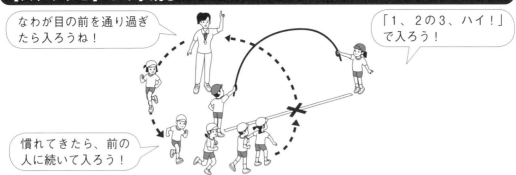

★ここが大切!!　運動の行い方
- 最初は、１班４人程度（回し手を入れて）で行い、全員が跳び、回すことができるようになったら、８人程度のグループ（１班４人の２つの班が合同で）で取り組む。
- 跳ぶ子は、回している人のすぐ横に立ち、なわを跳んだら０の字を描くように元の位置に戻る。最初は間を空けてよいので、慣れてきたら、前の友達に続いて入って跳んで出る。
- 回し手は、３回に１回位で、交代する。

【ステップ４】連続８の字跳び

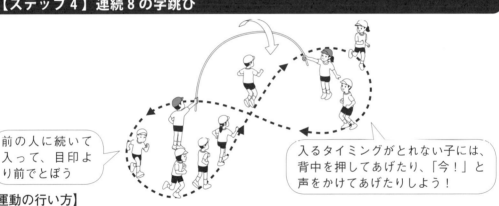

【運動の行い方】
- できるようになってきたら、前の人と間を空けずに連続で跳ぶことに挑戦させる。その際は、真ん中の×（目印）よりも前で跳ぶようにする。
- 一定時間（１～２分）で引っかからずに跳べた回数を記録する。
- グループの最高記録を合計して、クラスの記録をとることで、一体感やクラスの伸びを実感させるようにする。

☞ **跳ぶ子が引っかかったら、回し手はなわをはなす。**

【ワンポイントアドバイス】

①抜け方

- 跳躍した後、横方法に抜けるとなわにひっかかるので、跳んだら、回し手のすぐそばを抜けるようにする。

②なわの回旋

- なわの回旋のリズムが合わないときは、教師が後ろからなわを持って一緒に回すとよい。

■学習カード

ながなわとび

ねん　　くみ　　ばん　　なまえ

＜０の字とび＞　　　　　　　　　　　　　＜８の字とび＞

- なわが目の前を通り過ぎたら入ろうね！
- 「1、2の3、ハイ！」で入ろう！
- 慣れてきたら、前の人に続いて入ろう！
- 前の人に続いて入って、目印より前でとぼう
- 入るタイミングがとれない子には、背中を押してあげたり、「今！」と声をかけてあげたりしよう！

★０の字とび

	１かいめ	２かいめ	３かいめ	４かいめ	５かいめ
はんの さいさいこうろく	かい	かい	かい	かい	かい
クラスぜんぶの きろく	かい	かい	かい	かい	かい

★８の字とび

	１かいめ	２かいめ	３かいめ	４かいめ	５かいめ
はんの さいさいこうろく	かい	かい	かい	かい	かい
クラスぜんぶの きろく	かい	かい	かい	かい	かい
はいってとべる （できたら○）					
まえの人と つづけてはいれる （できたら○）					
なわをまわす （できたら○）					

★ながなわとびのコツをかこう（ながなわとびのがくしゅうがおわったら）

まわしかた	
とびかた	

評価・☺８の字跳びができる　☺連続８の字跳びができる

（萩原雄麿）

体つくり

「30秒早回し」で二重回しの素地づくり

教材のよさ ・とび方・なわの回し方の基礎を身につけ、二重回しの達成を容易にすることができる。また、同じ場所で繰り返しできるため、お互いにアドバイスがしやすく、冬の運動として最適でもある。

【ステップ3】チャレンジ！ 30秒早回し（2人組で見合う・数え合う）

背中を伸ばしたよい姿勢で、肘を脇につけてできるだけ速くなわを回す。

指を動かしながら数える（10ごとに指を1本立てる。）

つま先で小さく跳ぶ。失敗しても終了の合図まで繰り返し跳躍する。

【運動の行い方】
・2人組になる。
・教師が時間をはかり、ペアの子が回数を数える。
・数え方は、引っかかったものは入れず、その数から数える（7で引っかかったら7から）。
・ペアの子は10ずつ指を立てて数えるとよい。
・前とび・後ろとび両方行う。
・前とびは70回、後ろとびは60回を目標にする。
・1回の授業で2回行い、良い方を記録にさせる。

【ねらい・単元計画】 1回20分程度
○前とび・後ろとびをリズミカルにとぶことができる。

1・2	3・4	5～8
【感覚と技能のベースづくり】		【ステップ1・2・3】前とび・後ろとび・30秒早回し前・後ろ跳び生き残り（40ページ参照）
【ステップ1】前とび・駆け足跳び	【ステップ1・2】前とび・後ろとび	

【感覚と技能のベースづくり】なわを回してみよう！

頭の上で回す

4つとも手首で回すことが大事

腰の位置の前回し　　腰の位置で後ろ回し

肘を締めてね

体の前で時計回し

【ステップ１】前とび（１回旋１跳躍）

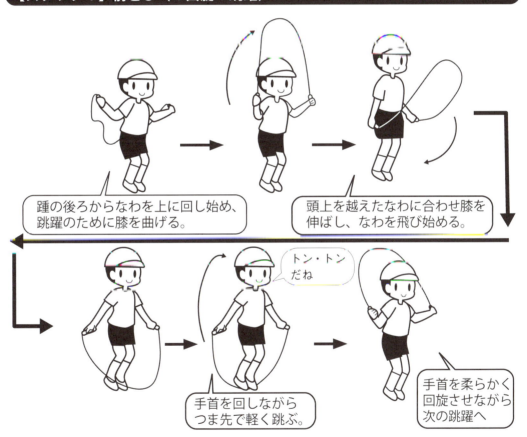

踵の後ろからなわを上に回し始め、跳躍のために膝を曲げる。

頭上を越えたなわに合わせ膝を伸ばし、なわを飛び始める。

トン・トンだね

手首を回しながらつま先で軽く跳ぶ。

手首を柔らかく回旋させながら次の跳躍へ

【運動の行い方】
☞ なわを８の字に旋回してもぶつからない間隔に広がる。ラインを利用し位置を決める。
- ペアで向かい合って肘が脇から離れていないかを観察したり、跳んだ回数を数え合ったりする。
- 最初は１跳躍１回旋が難しい子もいる。踵でなわを止ましえ抜く動き（なわ抜き）やその場駆け足とびを行うとよい。

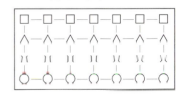

【ステップ2】後ろとび（1回旋1跳躍）

- 手首と肘を使ってなわを前から後ろへ回す
- なわが頭上を越えたら手首をもう一度回して跳躍へ
- なわを床につけて足下を通過させる
- 着地して次の回旋へ続けていく

【ワンポイントアドバイス】とび方の基本

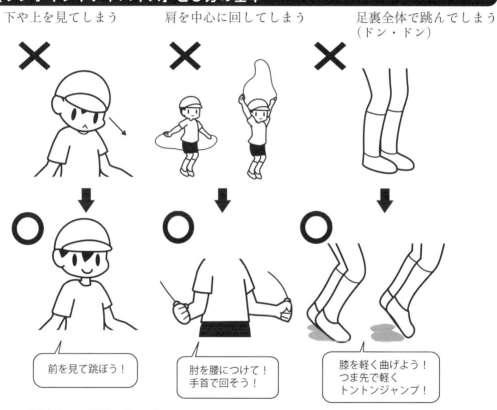

- 下や上を見てしまう → 前を見て跳ぼう！
- 肩を中心に回してしまう → 肘を腰につけて！手首で回そう！
- 足裏全体で跳んでしまう（ドン・ドン） → 膝を軽く曲げよう！つま先で軽くトントンジャンプ！

★ここが大切!!　運動の行い方
- さまざまな位置でなわを左右両手で回旋させ、手首でなわを回す感覚を身につけさせる。
- 最初のなわの長さは両足で踏んで胸の高さ程度にする。（保護者に事前に調節してもらうとよい。教師が調節してもよい。）
- なわは中空のものでなく、つまったものがよい。
- 体育館のラインを利用し、毎時跳ぶ位置を決めておくとよい。

なわは足で踏んで胸の高さ

■学習カード

たんなわとび

ねん　　くみ　　ばん　　なまえ

★まえとび・うしろとび・かけあしとびの　きろく

とびかた	れんぞくで　とべた　かずを　〇で　かこもう
まえとび　もくひょうは100！	0　30　40　50 60　70　80　90　**100**　110 120　130　140　150　160　170
うしろとび　もくひょうは80！	5　10　15　20　25　30 40　50　60　70　**80**　90 100　110　120　130　140　150
かけ足とび　もくひょうは80！	5　10　15　20　25　30 40　50　60　70　**80**　90 100　110　120　130　140　150

★30びょうはやまわしの　きろく

月／日	／	／	／	／	／	／	／	／
まえとび	かい	かい	かい	かい	かい	かい	かい	かい
うしろとび	かい	かい	かい	かい	かい	かい	かい	かい

※まえとびは70かい　うしろとびは60かいを　めあてに　とりくみましょう。
※ともだちの　とぶところを　よくみて　かぞえましょう。

評価・○前とび・後ろとびができる
　　　◎前とび・後ろとびができ、友だちの跳ぶ回数を数えることができる

（松本大光）

体つくり

とべる技をふやして楽しもう！

教材のよさ　・とぶ回数が増えたり、さまざまな種目がとべるようになったりすることで達成感を味わえる。また、同じ場所で繰り返しできるため、お互いにアドバイスがしやすく、冬の運動として最適でもある。

【ステップ3】「リレー」「生き残り」「種目とび」で楽しむ

■「リレー」
→できるようになったさまざまなとび方で運動の定着を図る。

【運動の行い方】
・一人10回とぶ。途中で引っかかったらその数からとび、必ず10回とぶ
・全員が終わったら座って手をあげる。
・速かった上位の班を黒板に書いたり帽子の色を変えたりする。
※教師がとび方を指定して取り組む。

■「生き残り」
→全員がとべるようになったとび方で、だれが最後までとべるかを競う。

【運動の行い方】
・ペアでジャンケンをする。
・勝った（負けた）子が教師の合図でとび始める。
・最後まで残った子が「生き残り」
・ペアの子は回数を数える。
※時間を有効に使うために1分までにする。残った子が複数の場合はその子たちが「生き残りチャンピオン」。

【ねらい・単元計画】1回20分程度
○さまざまなとび方を身につけことができる。

1・2	3・4	5～10
【感覚と技能のベースづくり】		【ステップ3】リレー・生き残り・種目とび
【ステップ1】30秒前後・あやとび	【ステップ2】交差とび	

【感覚と技能のベースづくり】なわ回し・前とび・後ろとび

①「なわ回し」で手首での回旋がスムーズにできるようにする。

- 腰の位置の前回し　・腰の位置で後ろ回し
  （肘を脇につけて。左右交互に行う）
- 8の字回旋
  （あやとびの手首の動き）

②安定した「前とび」「後ろとび」に。
- ペアで数え合いながら、よい姿勢でとんでいるか、手首の位置が腰の横か、肘が脇から離れていないかを見合う（伝え合う）。
- 「30秒早回し」で連続してとび続けたり、手首を早く回旋させる力をつけたりする。

【ステップ1】あやとび

- なわが頭上を越えたら両腕の交差に移る
- 腰の位置で腕を交差し、手首を体側より外に出してとぶ
- 両腕を開いて前とびへ
- なわが頭上を越えたら両腕を開いていく

【運動の行い方】
☞ なわを8の字に旋回してもぶつからない間隔に広がる。
☞ 体育館のラインを利用し、毎時とぶ位置を決めておく。
☞ ペアで向かい合い、肘が脇から離れていないかを観察したり、とんだ回数を数え合ったりする。

【ステップ2】交差とび

| なわが頭上を越えたら両腕の交差に移る | 手首を体側より外に出し、交差したままなわをとびこす | 腕を交差したまま手首でなわを上方に回す | 手首を回し続けなわを前に送り出す |

【ワンポイントアドバイス】交差の位置・交差のタイミング

<あや・交差共通>
交差は「お腹の前」で。
手首は体側の外に。

<あやとび>
なわが回らないうちに腕を戻してしまい、前回しになってしまう。
↓
腕交差のなわを跳んでから腕を戻す

【ステップ3】「種目とび」次頁の学習カードを活用

しゅもく＼日づけ		9／21	9／25
かけ足とび	10	10	10
前とび	10	10	10
後ろとび	10	7	10
前あやとび	10	5	7
後ろあやとび	10	0	1

【運動の行い方】
・2人組になる。
・ペアの子と交替で回数を数える。
・1つの種目を10回とべたらカードに10と書く。7回なら7と書く。
・10回とべたら次からとばなくてよい。
・とべない種目はとばしてもよい。
・合図があるまで続けてよい（7～8分程度）。
・時間があれば、1～9回までしかとべなかった種目に再挑戦してもよい。

■学習カード

なわとび しゅ目とび

ねん　　くみ　　ばん　　なまえ

しゅ目 \ 日づけ	れい	/	/	/	/	/	/
かけ足とび　10	10						
前とび　10	10						
後ろとび　10	10						
あや前　10	8						
あや後ろ　10	5						
こうさ前　10	5						
こうさ後ろ　10	2						
サイドクロス右　10	1						
サイドクロス左　10	0						
サイドクロス左右　10	0						
二じゅうまわし							
ごうけいてんすう	51						

☆ペアの友だちと、交たいでおたがいの回数を数えてあげましょう。
☆すべてのしゅ目が、10回で10点です。それより多くとんでも10点です。
☆10回とべたしゅ目はつぎの時間も10点とし、とばなくても10点とします。
☆目ひょうは60点です。
　（1年生50点　2年生60点　3年生70点　4年生80点　5年生90点　6年生100点）
☆ぜんぶできたら空いているところにあたらしいしゅ目を入れてとり組みましょう。

評価・◯種目とびで合計点数が60点以上
　　　◎サイドクロス系や他の跳び方も跳ぶことができる

（松本大光）

体つくり

ボールと友達！ 投げ上げキャッチ！

教材のよさ　・一人ないし二人で数多くボール操作に慣れ親しむことができる。

【ステップ２】どこまでキャッチボール

【運動の行い方】
- 基準となるラインで向き合い、下手投げでキャッチボールをする。
- 8回キャッチボールができたら、片方の子が基準となるラインから2歩程度後ろに離れ、その場で再びキャッチボールにチャレンジする。1mごとのコーンやラインで示してもよい。記録が達成できたら、さらに距離を離していくことを繰り返す。
- 5、6回目の授業では、チェストパスのようにしてもよいし、オーバーハンドに挑戦させてもよい。

【ねらい・単元計画】　1回20分程度
○投げる、捕るの回数を保障し、ボールに慣れ親しむことができる。

1・2	3〜6
【感覚と技能ベースづくり】	
投げ上げキャッチ	グルリンキャッチ・バウンドキャッチ
【ステップ１】下手投げキャッチ	【ステップ２】どこまでキャッチボール

【感覚と技能のベースづくり１】投げ上げキャッチ

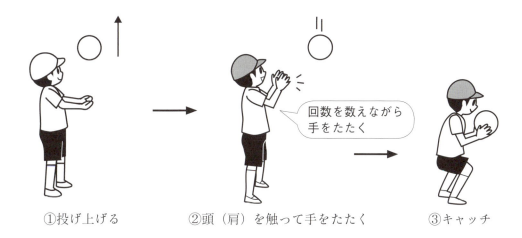

①投げ上げる　　②頭（肩）を触って手をたたく　　③キャッチ

【運動の行い方】
・両手で下からボールを上に投げ上げて、捕る。
・投げ上げてから捕るまでの間に手をたたかせる。
・回数はペアで数え合うとよい。

★ここが大切!!　運動の行い方
・胸の前あたりで捕る。
・手をたたく回数の目安は「４～５回」とする。安定してできるようになったら、「頭をさわってから」「頭、肩をさわってから」手を５回たたくなど、課題を次第に難しくしていく。

【感覚と技能のベースづくり２】クルリンキャッチ・バウンドキャッチ

クルリンキャッチ

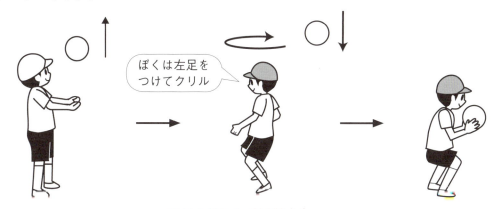

片足を軸にして回転する

バウンドキャッチ

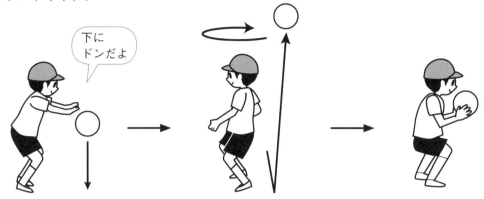

片足を軸にして回転する

【運動の行い方】
・クルリンキャッチはボールを投げ上げて半回転、または1回転してから捕る。
・バウンドキャッチは地面にバウンドさせて、手たたきをして捕る。できるようになったら、発展として半回転、1回転を入れてもよい。

★ここが大切!!　運動の方法
・ボールを真上に高くはずませる。上手になったらバウンドさせる高さを低くしてもできるか挑戦させる。
・隣の子どもとぶつからないように、十分な距離をとる。

【ワンポイントアドバイス】
○「ゲーム」の準備運動や予備的運動としても活用できる。

【ステップ1】下手投げキャッチボール

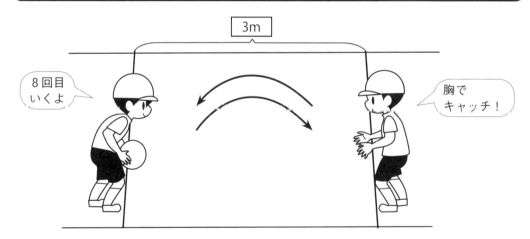

・基準となるラインに2人組が向かい合い、下からボールを投げキャッチする動きを繰り返し、その回数を数える。
・30秒間で10回を目標にさせ、1回の授業で2～3回挑戦させ、一番よい記録をその日の最高回数とする。
・最初は落としたら、その回数から続けてもよいことを伝え目標に対し、どうであったか評価して意欲を高める。慣れたら落とした0もどりにしてもよい。

■学習カード

なげあげキャッチ・クルリンキャッチ・キャッチボール

　　　　　　　　　ねん　　　くみ　　　ばん　　なまえ

	できたことに まるを しましょう
クルリンキャッチ	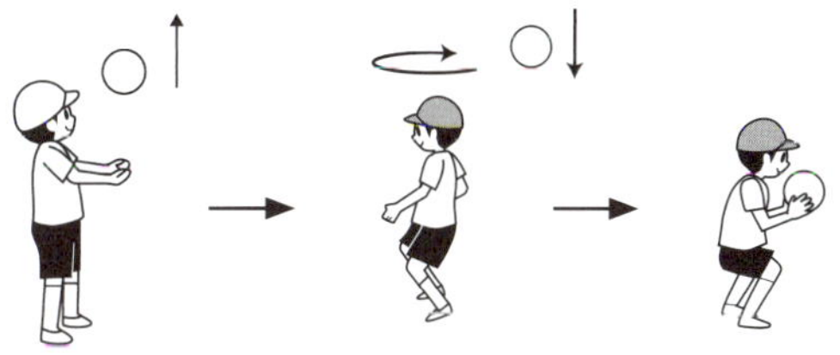 ①はんかいてん ②いっかいてん ③にかいてん そのほか（　　　　　　）
バウンドキャッチ	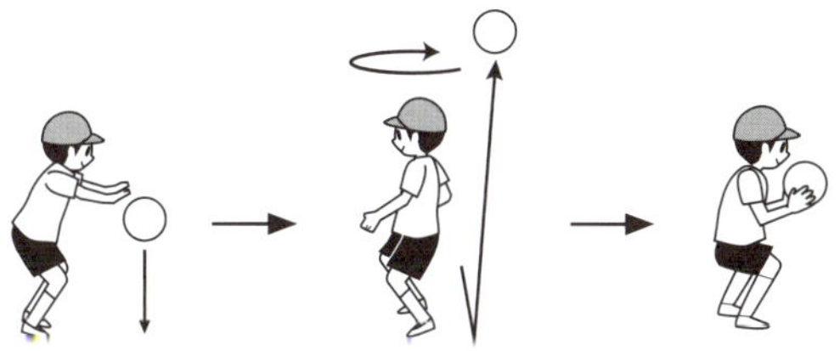 ①はんかいてん ②いっかいてん ③にかいてん そのほか（　　　　　　）
キャッチボール	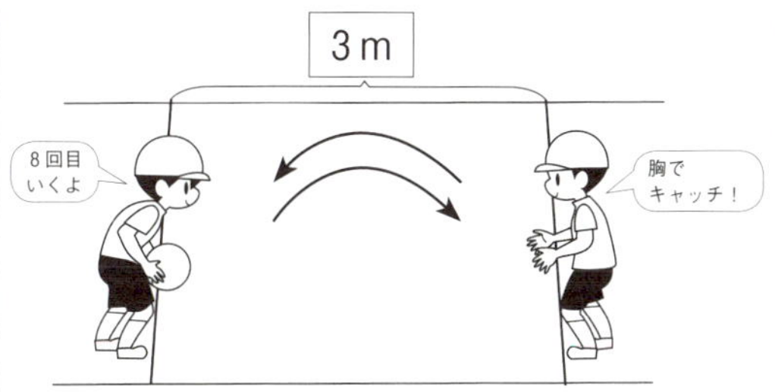 5かい　　10かい　　15かい 20かい　　25かい　　30かい そのほか（　　　　　　　　）
4 m	（　）かい　　（　）かい
5 m	（　）かい　　（　）かい

評価：○クルリンキャッチで半回転してボール捕ることができる
　　　◎バウンドキャッチで1回転して捕ることができる

（石坂晋之介）

体つくり

引っこ抜き・バランス崩し

教材のよさ　・仲間と協力したり、楽しんだりしながら、体の締め感覚や引く、崩す感覚を身につけることができる。

【ステップ2】引っこ抜き　チーム対抗戦（2～4チーム）

【体育館のサークルに集まる】

どんどん引っ張れ

バンザーイ！！勝ったー！！

【運動の行い方】
- 班や列を活用してチームを決める。チームから2～3人抜く子を決める。
- 体育館床のサークルの線にお尻をつけ、足を外に向けて座る。
- 合図があったら、お尻を床につけたまま後ろに下がる（円の中央に集まる）。
- 自分のチーム以外の人（相手チーム）人の足を持って引っこ抜く。
- 抜くときに相手の手や頭を持つことは反則。また、抜くときに中に入れない。足が○の外にあって体を中に入れるのはOK。
- 抜かれる人は、「鬼を蹴る」、「立ち上がる」、「足を○の内側に向ける」ことは反則。
- 抜かれた人は鬼になり、サークル内の他チームの人を抜く。
- 終わりの合図があったときに中に残っていた人数が多いチームの勝ち。

【ねらい・単元計画】 1回15分程度
○力を入れて引いたり、体を締めたりすることができる。

1・2	3・4	5・6
【感覚と技能のベースづくり】	【ステップ1】 ルールを覚えよう 個人戦	【ステップ2】 チーム対抗戦

【感覚と技能のベースづくり】

■引っ張りっこ

- 引っ張りっこは、同じ足を2人でつけ、足と同じ手で相手を引く。引っ張られて一定距離（例50cm程度）動いたら負け。左右両方を行う。
- 2人組で一定時間行い、勝った回数の多い子がチャンピオン。相手を変えて繰り返し行う。

■バランス崩し

- バランス崩しは、同じ足を2人でつけ、足と同じ手で相手手前や横、斜め前などに動かし、相手のバランスを崩す。バランスを崩して動いた子の負けを引く。左右両方を行う。
- 2人組で一定時間行い、勝った回数の多い子がチャンピオン。相手を変えて繰り返し行う。

■人運び（脚を持って引っ張る）　　■けんけん相撲

- 一定距離（例9m）相手を引く。
- ☞ **引かれる子は、寝て運ばれるか、図のように腿を抱えて頭を打たないように体を締めて運ばれる。**
- 慣れたらじゃんけんゲームとして行う（2回目）。

- 2人組になりけんけんをしながら肩で相手とぶつかり、足をついた子の負け。
- 一定時間行い（例1分）、勝った回数の多い子がチャンピオン。相手を変えて繰り返し行う。
- 慣れたら手で押してもよい（2回目）。

【ステップ１】ルールを覚えよう　最初は先生が鬼

・教師が鬼になり、一人の子をモデルにして相手を引く方法を理解させる。また、安全面の指導を十分行う。
☞ **引く側**　　→・引いてよいのは足だけ。手を引っぱってはいけない。
　引かれる側→・円の外につま先を向ける。内側につま先を向けない。
　　　　　　　　・後ろに下がるときはお尻を床につけ、他の子と頭をぶつけない。
　　　　　　　　・足をバタバタして、鬼の人を蹴らない。

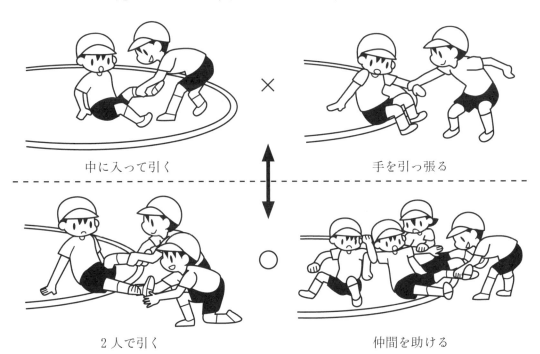

中に入って引く　　　　　　　　　　　　手を引っ張る

２人で引く　　　　　　　　　　　　　　仲間を助ける

・最初は教師が鬼になり、抜かれた子も鬼になって引っ張る。
・残った子がクラスの1/5程度になった時点でストップをかけ、中にいる子を立たせてチャンピオンであることを伝える。人数にもよるが、1回のゲーム時間は2～3分程度である。
・2回目からは鬼になる子を募集したり、チャンピオンになった子を鬼にしたりする。
・反則があるか観察し、あった場合はすぐに「アウト」と宣言し、指導する。

■学習カード

ながなわとび

ねん　　くみ　　ばん　　なまえ

ひっぱりっこ　バランスくずし

日づけ	/	/
かったかずだけ、○をかきましょう。		

けんけんずもう

日づけ	/	/
かったかずだけ、○をかきましょう。		

人はこび

日づけ	/	/
5mはこべたら○ 10mはこべたら◎		かったかずだけ、○をかきましょう。

ひっこぬき

できたら○をかきましょう。

日づけ	/	/	/	/
ひっこぬけた				
ルールをまもれた				
なかよくかつどうできた				

評価：◯正しいやり方で行っている　◎繰り返し楽しんでいる

（木下光正）

器械

楽しく鉄棒遊び

教材のよさ　・低学年でも楽しく取り組むことができる。
　　　　　　・支持・逆さ・回転等の感覚を楽しく身につけることができる。

【ステップ2】じゃんけん棒

①「ぶたのまるやき」じゃんけん　　②「こうもり」じゃんけん

「最初はグー じゃんけんポン」

「勝ったぞ～」

【運動の行い方】
・班対抗戦。一定時間（1分30秒程度）行い、勝ったのべ人数が多いチームの勝ちとする。勝った子がそのまま残り、2回勝ったらチャンピオンとし、チャンピオンの人数が多いチームの勝ちとしてもよい。
・できる運動を繰り返し楽しむ方法として「じゃんけん」はとても有効である。
・鉄棒から手を離すことを恐れている子もいる。そのような子には、鉄棒を握ったままできる「口じゃんけん」でもよいことを知らせる。
・鉄棒の一連（横の長さ）が狭い場合は、各連ごとに一人ずつ入れてよい。
・こうもりじゃんけんは、ぶら下がって手がつく高さがよい。

【ねらい・単元計画】1回20分程度
○楽しみながら、鉄棒運動の基礎感覚を養うことができる。

1・2	3・4	5・6	7・8
【感覚と技能のベースづくり】		①つばめ	①つばめ
①つばめ ②自転車こぎ	①つばめ ②自転車こぎ	⑤こうもり	
		【ステップ1】	①前回り下り
		【ステップ2】じゃんけん鉄棒	
③ぶら下がり ④ぶたのまるやき	④ぶたのまるやき ⑤こうもり	①ぶたのまるやき　じゃんけん	①ぶたのまるやき　じゃんけん ②こうもりじゃんけん

【感覚と基礎のベースづくり】

①つばめ

・鉄棒は腰の位置で、手は肩幅。
・最初は、5秒から始め、10秒程度は支持できるようにさせる。

②自転車こぎ

・つばめができるようになったら、「自転車をこいでみよう」と声をかけ、10回こげるか挑戦させる。
・10秒間に何回こげるか競わせる。
・10秒間に20回以上が目標である。

③ぶら下がり足打ち

・腕を伸ばして鉄棒にぶら下がり、足打ちをする。
・最初は、1回・2回・3回と回数を増やしていく。目標は10回である。

④ぶたのまるやき

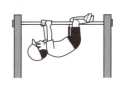

・しゃがむ。腕を伸ばす。片足ずつ、鉄棒に足をかける。
・ぶら下がる。片手をはなしてみる。

⑤こうもり

・顎の高さの鉄棒がよい。
・足の裏を鉄棒につける。
・膝を曲げると、鉄棒が腰の位置にくる。

【運動の行い方】

・それぞれの運動の仕方が分かったら、待っている子が数を数えるようにする。
・グループで回数の合計を出して競争したり、クラス全員の合計を出したりする。
・回数を数えたり競争したりしているうちに、教師はできない子に補助をしたり声かけをしたりする。できない子に支持や逆さの感覚をどんどんつかませていく。

ぶら下がる時は力を抜き、体をまっすぐにさせる。
お尻を出すと、かけた足が抜けやすくなる。

【ステップ１】回る運動

前回り下り

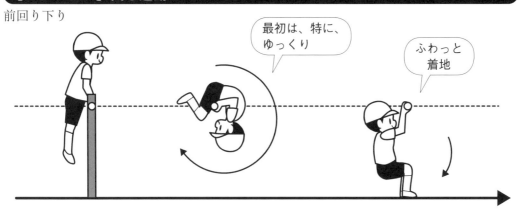

- 胸の高さの鉄棒がよい。
- ツバメの姿勢　→　ゆっくり前に回転　→　逆さの姿勢　→　手でぶら下がって着地

★ここが大切!!　運動の方法

- 前への回転を恐がる子には、腿と背中を支えて補助をして回転に慣れさせる。
- 回りながら鉄棒を持ち替えると危険である。そんな子には、立った姿勢で鉄棒を握って手首を回す動作を教えたり、補助をしたりする。

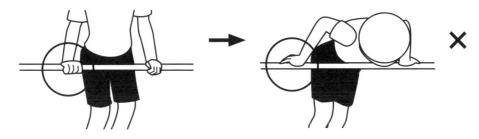

【ワンポイントアドバイス】

- 鉄棒は、支持・逆さ・回転等の感覚を高めることができる運動である。体が大きくならないうちに鉄棒の感覚を無理なく身につけさせたい。
- 運動の行い方を覚えたら、少しずつ回数を増やしていく。そして、10秒間に何回できるか挑戦させる。
- 鉄棒の下に足がくる上手な着地にも挑戦させる。着地が上手な子をみんなに観察させる。
- できる子に回数の挑戦をさせている間に、できない子に補助や声かけをして、感覚を身につけさせる。

■学習カード

てつぼう あそび

ねん　　くみ　　ばん　　なまえ

わざ		できたら ○
つばめ	① 2びょう	
	② 4びょう	
	② 6びょう	
	② 8びょう	
じてんしゃこぎ	① 5かい	
	② 10かい	
	② 10びょうかんに20回いじょう	
ぶらさがり ↓ あしうち	① あしうち5かい	
	② あいうち10かい	
ぶたのまるやき	① 2びょう	
	② 4びょう	
	③ 10びょう	
こうもり	① かたてをはなす	
	② りょうてをはなす	
まえまわりおり	① おてつだいでできる	
	② ひとりでできる	
	③ ひとりで3かいつづけてできる	
	④ 10びょうかんにできたかいすう	かい

評価：○支持・逆さ・回転等の感覚を身につけることができる
　　　◎回数や時間を増やすことができる

（森　靖幸）

器械

お手伝い逆上がり

教材のよさ　・後方への回転感覚を身につけることができる。
　　　　　　・仲間との関わりを深めることができる。

【ステップ2】逆上がり

①一人お手伝い逆上がり
・1回だけでなく、続けて2回、3回と回転する回数を増やしていく。
・補助者は、実施者の振り上げ足側に立つ。

・最初に「用意」（足の位置・握り方）の姿勢をしっかりとらせる。
・お手伝いで3回以上回ることができるようになったら、自分でできる力がついたと考え、お手伝いなしで行わせる。

②逆上がり

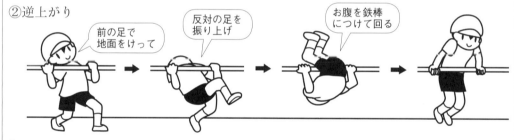

【運動の行い方】
・鉄棒の握り方は順手・逆手のどちらでもよい。胸の高さであれば最初は逆手の方が行いやすい。
・体の重心をリズムよく前後に移動させ、前足で踏み切り、後ろ足を振り上げ、ふとんほしの姿勢になる。（リズムの例）① 前足→ 後ろ足、② 前足→ 後ろ足、③ 前足で踏み切る

【ねらい・単元計画】1回20分程度
〇逆さや回転の感覚を高め、お手伝い逆上がりができる。

1・2	3・4	5・6	7・8
【基礎と感覚のベースづくり】			＊ふとんほしじゃんけん
①ふとんほし	②ふとんほし起き上がり　③だんごむし		③だんごむし
＊ふとんほし　　じゃんけん	④足ぬきまわり		④足ぬきまわり
	【ステップ1】二人お手伝い逆上がり		
③だんごむし	【ステップ2】①一人お手伝い逆上がり		
④足ぬき回り	②逆上がり		

【感覚と基礎のベースづくり】

①ふとんほし　　②ふとんほし起き上がり　　③だんごむし

あごをあけない

・逆上がりに必要な「逆さになる感覚を高める運動」と「起き上がりの練習」ができる。

・逆手の方が力がはいる。鉄棒を肩幅で握る。
・肘を曲げ、膝をお腹につけるようにして体を固める。

④足ぬき回り

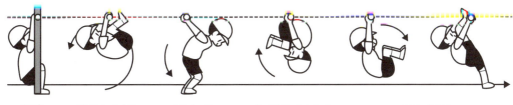

用意　　　後ろに回る　　　下りて　　　お尻を上げて　　　元に戻る

・しゃがんだ姿勢から、肘を曲げると回転しにくい。最初は片方をかけてもよい。
・「(前に回って)元に戻る」時には、膝を曲げて地面を蹴り、お尻を上げて膝を胸につけるようにすると回転しやすい。
・慣れてきたら、鉄棒に足をかけずに連続して回転できることを目標にする。
・技能の定着を図るのに、10秒間に何回できるか挑戦させたり、一定回数を競争させたりするとよい。

★ ここが大切!!　運動の方法

①ふとんほし
・膝を曲げ、腰を鉄棒に引っかける。恐がる子には先生がお手伝いをする。
・慣れてきたら、鉄棒から手をはなす。

②ふとんほし起き上がり
・①の姿勢から、鉄棒をつかむ。肘を伸ばしながらあごを上げないように起き上がる。

③だんごむし
・あごは鉄棒に軽く乗せてもよい。その方が力が入るが、あごでは支えない。
・すぐに落ちてしまう子には、教師が体を支え、肘を曲げて力を入れる感覚を身につけさせる。
・最初は5秒から始め、目標は10秒である。

④足ぬき回り
・「用意」で、腕を伸ばし鉄棒にぶら下がってしゃがんだ姿勢をとる。
・鉄棒に足をかけ、後ろに回って下りる。
・お尻を上げて、お腹を見るように前に回る。

【ステップ１】お手伝い逆上がり

①二人お手伝い逆上がり

・お手伝いをする二人は、鉄棒をはさんで逆上がりをする子の反対側に立つ。
　腿と腰や背中を支えて持ち上げる。
・お手伝いで、持ち上げる力が小さくなってくると（軽くなったら）、上手になってきていることになる。
　お手伝いの子が逆上がりをする子に「軽くなってきたよ」と伝えるようにするとよい。

★ ここが大切‼　運動の方法
・目標は「３回連続お手伝い逆上がり」であることを伝え、目標を明確にする。
・着地する毎に回数をお手伝いをしている子が回数を数える。

【ワンポイントアドバイス】

○①「用意」の足の位置と② 踏み込む足の位置のつまづきと対処法

①「用意」の足の位置
　・立ち位置が鉄棒から離れすぎている。

②踏み込む足（前足）の位置
　・踏み込む位置が鉄棒の前に行き過ぎ、振り上げ足をうまく振り上げられない。

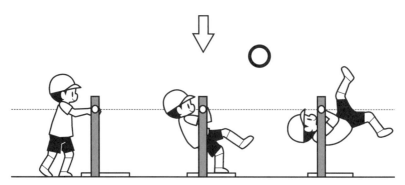

・踏み込む位置に目印をつける（ライン・ゴムベース）。
・前足で目印をけって、後ろ足を振り上げさせる。

■学習カード

てつぼうあそび・おてつだいさかあがり

ねん　　くみ　　ばん　　なまえ

わざ		できたら ○
ふとんほし	①ふとんほし	
	②ふとんほし起き上がり	
だんごむし	①5びょう	
	②10びょう	
あしぬきまわり	①てつぼうにかたあしをつけてうしろへまわる	
	②てつぼうにあしをつけないでうしろへまわる	
	③てつぼうにあしをつけないでうしろへまわりもとにもどる	

さかあがり	月／日	／	／	／	／	／	／	／	／
ふたりおてつだい	1かい								
	2かい								
	3かい								
ひとりおてつだい	1かい								
	2かい								
	3かい								
	10びょうで（　）かい								
ひとりで	1かい								
	2かい								
	3かい								
	10びょうで（　）かい								

評価：○二人お手伝い逆上がりができる
　　　◎一人お手伝い逆上がりが3回連続でできる

（森　靖幸）

器械

マットでコロコロ!!

教材のよさ
・他の動きと組み合わせることにより、変化を持たせながら前方や後方への回転感覚を高めていくことができる。
・ペアと声を掛け合い練習することにより、学び合う力を高めることができる。

【ステップ2】いろいろな前転がり、後ろ転がりをしよう

○手足走りからの前転がり

タッタッタ　　クル

○うさぎ跳びからの前転がり

ピョーン　　クル

○前転がり1/2ジャンプ前転がり

クル　　ジャンプ　　クル

○マットの横を利用した前、後ろ転がり

ま〜え　　うしろ

○後ろ転がり、前転がりをつなげる

※途中ジャンプして半回転ジャンプをする

○シンクロであわせる

せ〜の

※回るタイミングを合わせる

【運動の行い方】
・4人1組で行う。手足走りやウサギはおりかえしの運動(16ページ参照)として扱ってもよい。
・前転がり連続は180cm程度のマットであれば、向きを変えて行わせる。前・後転がりは、マットを横に利用し、2人で行うと効率的である。
・シンクロ前転がりは「セーノ!」など声を出して合わせ、他の班の子に評価させる。

【ねらい・単元計画】　1回20分程度
○前方・後方への回転感覚を身につけ、前・後転で回ることができる。

1〜3	4〜6
【感覚と技能のベースづくり】ゆりかご	
【ステップ1】 前転がり・後ろ転がり	【ステップ2】 いろいろな前転がり・後ろ転がりをしよう

【感覚と技能のベースづくり】

○小さなゆりかご　　　　　　　　　○丸太転がり

ゆっくりと前後に揺れる

1人で　　　　2人で

○ゆりかご
■小さなゆりかご

足を顔の上まで　　膝と胸の間を広く　　膝を胸に付ける
持ってくる　　　　して回る

■大きなゆりかご

腰の角度を開いて回転の勢いを付ける　　おしりにかかとを近づけ両手を前に出し、
　　　　　　　　　　　　　　　　　　手のひらを前に出して友だちとタッチ

○ゆりかご－背支持倒立（アンテナ）　　○ゆりかご－足ポン

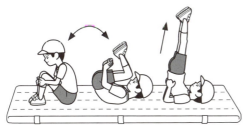　

つま先をマットに着ける　　　　　　腰を高く、両手で支えて

【ワンポイントアドバイス】

・教師が師範などし、動きを児童に理解させてから行わせる。
・マットを横に使い、複数の児童が同時に練習できるようにする。

★ここが大切!!　運動の方法

○ゆりかご
・腰から首までの背骨が順次接していくことがわかるように、ゆっくりと前後に揺れる。
・ひざと腰の曲げ・伸ばしを意識させ、次第に前後への揺れを大きくしていく。
・大きなゆりかごは、後転を意識させるために指に力を入れて開き、着手させる。

【ステップ１】前転がり・後ろ転がり

○前転がり

回転の準備

腰を上げながら
回転を始める

腕で体を支え
後頭部をマットに

膝を伸ばして回転

膝を曲げ、かかとをお尻に
近づけながら両手を前に出す

○後ろ転がり

○やさしい条件での後ろ転がり「坂道での後ろ転がり」

「マットの段差を使った回転」

つま先を早く
マットに着ける

「後転の補助」
腰を持ち上げる

頭の位置が
低くなり回転しや
すい

【指導する内容について】
○前転がり
・肩・背中・腰の順でなめらかに転がることができるように、「おへそを見て、背中を丸くしよう」「かかとをお尻に素早く引き寄せて」など、具体的なアドバイスをたくさん行う。
○後ろ転がり
・「感覚と技能のベースづくり」でゆりかごを丁寧に指導することが、後ろ転がりの学習では重要である。腰を高く上げることと、両手の着き方・押しが大切なポイントになる。
・回転の勢いを得るため、お尻を後ろに着かせる（帽子を置き、それを越えるようにしてもよい）。
○やさしい条件での後ろ転がり
・坂を使って回転の勢いが増すようにすることや、回転で障害となる頭部の位置が低くなるように場づくりすることで後ろ転がりを容易にすることができる。

■学習カード

マットでコロコロ

ねん　　くみ　　ばん　　なまえ

ゆりかご・丸太ころがり	①小さなゆりかご 	②ゆりかご 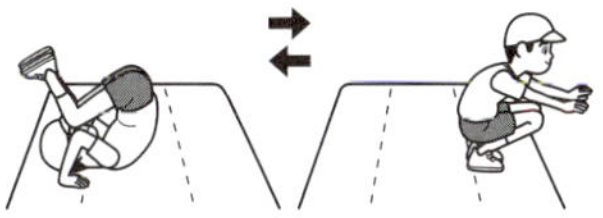
	③ゆりかごアンテナ 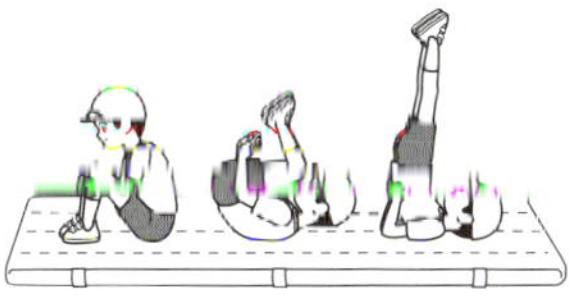	④ゆりかごから足ポン 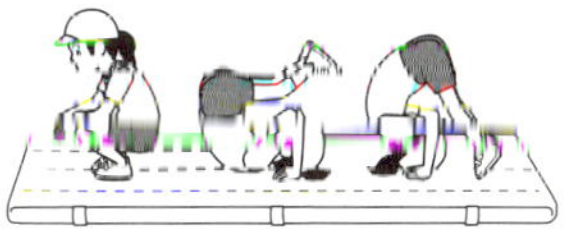
	⑤1人丸太ころがり 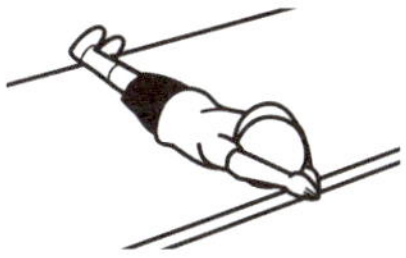	⑥2人丸太ころがり 
まえころがり	①ジャイアントウォーク（大またあるき）からまえころがり 	②手おし車からまえころがり 
	③手あしはしりからまえころがり 	④うさぎとびからまえころがり 
うしろころがり	①さかみちうしろころがり 	②うしろころがり 
あわせて	①うしろころがり→はんかいてん→まえころがり 	②シンクロ 

評価：〇正しい動きができる　◎なめらかにできる

（倉内唯気）

器械

みんなで協力！ 引っこ抜き逆立ち

教材のよさ　・スモールステップで色々な逆立ちの課題に取り組み、楽しみながら逆さの姿勢を身につけることができる。

【ステップ2】できるかな?!　引っこ抜き逆立ち

【運動の行い方】
- 頭つき逆立ちの姿勢になる。
- 両側のお手伝いの人が足首をもつ。
- 「せーの」の合図で足首を引っ張り上げる。
- 逆立ちになる人は、肘に力を入れマットを見る。
- 最初はおしりをつけてもよい。慣れたら離す。
- お手伝いの人はしばらく足をもち、放しても大丈夫そうなら放す。
- 自分で「○秒達成」をきめ、挑戦する。

【ねらい・単元計画】1回20分程度
○引っこ抜き逆立ちができる。一定時間逆立ちをすることができる。

1・2	3〜5	6〜9
【感覚と技能のベースづくり】 手押し車じゃんけん 壁のぼり逆立ち	【ステップ1】 頭つき逆立ち	【ステップ2】 引っこ抜き逆立ち

【感覚と技能のベースづくり①】手押し車じゃんけん

- 2チーム対抗戦　赤帽子と白帽子になる。
- じゃんけんをして、勝った人が手押し車の下、負けた人が足を持って10歩歩く。
- 手で10歩歩いたら、別の人とじゃんけんをする。
- あわせて3回勝った人は、決められた場所に集まる。
（カラーコーン・サークル）
- 合図があったときに人数が多いチームの勝ち。

★ここが大切!!　運動の行い方

【持つ人】
- 足首をもち、片足ずつ持ち上げる。
- 手を腰につけ、進む人のスピードに合わせて押す。
- おろす時は片足ずつゆっくりおろす。

【手押し車】
- 肘に力を入れる。
- お腹と背中に力を入れ、膝を伸ばして体を真っ直ぐにする。

【感覚と技能のベースづくり②】壁のぼり逆立ち・じゃんけん

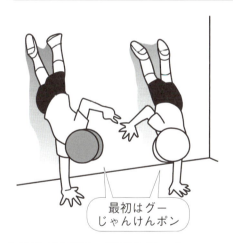

- 2チーム対抗戦　赤帽子と白帽子になる。
- 2人組になり壁によじのぼる。
- じゃんけんをする（片手が無理なら、口じゃんけんでよい）。
- あわせて3回勝った人は、決められた場所に集まる。
（カラーコーン・サークル）
- 合図があったときに人数が多いチームの勝ち。

★ここが大切!!　運動の行い方

- 手のひらはパー。
- 肘に力を入れて伸ばす。
- 足のつま先でのぼる。
- お腹と背中に力を入れ、膝を伸ばして体を真っ直ぐ。
- 目線は手の指先を見る。

【ステップ１】〇秒挑戦！　頭つき逆立ち！

①肩幅で指を開き、手をつく。
②手と頭で三角形をつくる。
③膝を曲げ、ゆっくりおしりをあげる。
④かかとをかべにつけるように、膝を伸ばす。
⑤５秒を目安に挑戦する。
⑥自分で「〇秒達成」をきめ、挑戦する。

★ここが大切!!　運動の行い方

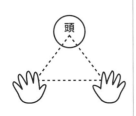

手と頭は三角形

- 手と足がそろってしまうと、頭が中に入り、つぶれてしまう。
- 頭の着く位置に、紅白帽子を置き、頭と手が三角形になるように準備してから、行わせる。

- はじめはどうしてもバランスがとれずに、倒れてしまう子がいる。
- バランスがとれない場合には、横に補助者がつき、伸ばす足を支える。

【ワンポイントアドバイス】

◎スタート

 →

- おしりがあがらない。
- ジャンプするとき、膝が伸びる

- 膝をお腹につけて、ジャンプさせる。
「体育座りからゆっくり足を伸ばす」

■学習カード

ひっこぬきさかだち

　　　　ねん　　　くみ　　　ばん　　なまえ

日付	なんびょう？	がんばり ◎・○	日付	なんびょう？	がんばり ◎・○
／	びょう		／	びょう	
／	びょう		／	びょう	
／	びょう		／	びょう	
／	びょう		／	びょう	
／	びょう		／	びょう	

「できる」ひみつをかこう！

【あたまつきさかだち】

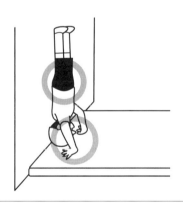

【ひっこぬきさかだち】

評価：○引っこ抜き逆立ちができる
　　　◎引っこ抜き逆立ちをした後に、倒立姿勢を5秒以上保持することができる

（結城光紀）

器械

かえるの足打ち・川わたり

教材のよさ　・技に発展性があり、自己の課題に応じて取り組むことができる。

【ステップ２】マットから手を離した川わたり

- マットから手を離す
- マットから遠い足を先に上げる
- 片足を前に出した姿勢
- 前に出した足と同じ側の手
- 目線は手と手の間　肘を伸ばして
- トン・トンと片足ずつつく

【運動の行い方】
- ４人１組の場で、友達と一緒に補助をし合ったり声を掛け合ったりしながら取り組ませる。
- 必要な腕支持感覚や逆さ感覚を充分に養い、やさしいステップ（かえるの足打ち→川わたり）で取り組ませる。
- 最初は膝を曲げた低い姿勢から行わせ、慣れてきたら手を少し上げた姿勢から取り組ませる。

【ねらい・単元計画】　１回25分程度
〇前を向いた姿勢から側方倒立回転ができる。

１〜４	５〜８
【感覚と技能のベースづくり】 手押し車、よじ登り逆立ち、かえるの足打ち	
【ステップ１】 マットに手をついた川わたり	【ステップ２】 マットから手を離した川わたり 発展（大の字回り）

【感覚と技能のベースづくり】

①手押し車

・持つ子はひじをしっかり伸ばして持つ。
・下の子は、腰・ひじが真っ直ぐ伸びるようにする。

②よじ登り逆立ち

・ひじに力を入れて突っ張らせる。
・おなかと背中に力を入れさせる。

③かえるの足打ち

かえるの足打ちは、川わたりの基本！

トントンと打つ

・足を開いた姿勢から、両足の靴の裏同士を打ち合わせる。
・肩の上に腰が来るように腰の位置を上げる
・素早く行い、空中での足打ちの回数を多くしていく。
・慣れたら足を伸ばして取り組ませる。

・3つの運動を他の教材で扱っていれば、直接川わたりから指導してもよい。

【ステップ１】マットを両手についた川わたり

①両手をついた川わたり

・小マット（120cm×60cm）で行う。なければ中マット（180cm×90cm）のマット等にテープやチョークで60cm幅を作って行う。
・マットに初めから両手を着き、腕で支えながら両足をそろえてマットを跳び越す。
・初めのうちは膝が曲がってもよいので、両足で着地させる。

②片足ずつの川わたり

・マットに手を着き、腕で支えながら片足ずつマットを跳び越す。
・手と手の間を見るように帽子などを置くとよい。
・左右偏りなくどちらからも行わせ、やりやすい方向を見つけさせる。

【ステップ3（発展）】大の字回り

★ここが大切!!　運動の行い方
・最初は横向きの姿勢から、左右に体重移動して回転の準備をする。
・左右にゆれた動きを生かして、そのまま支持回転をする。回転する際は、前足のつま先は前を向く。着手は両手同時に近い状態で行う。
・両手の間を見ながら回転する（視線がマットから離れると、安定した回転にならない。）。
・リズムよく行えるように友だちと一緒に口伴奏をしながら行うとよい。

【ワンポイントアドバイス】

・前に出した足と手が逆になるとひっくり返る。
→前に出した足と同じ側の手が手前にきているか互いに確認するとよい。

■学習カード

川(かわ)わたり

ねん　　くみ　　ばん　　なまえ

ステップ		できたら○をつけよう
かえるの足(あし)うち		1回
		3回
		5回い上
マットに手(て)をついた	両足をそろえて 片足(かたあし)ずつ	
マットから手(て)をはなした川(かわ)わたり		
大(だい)の字(じ)回(まわ)り	マットでおしりをつかず回(まわ)ることができる	

学しゅうをおえて（川わたりのポイント・コツを書きましょう。）

評価：○転ばずに着地することができる
　　　◎まっすぐに、腰を上げて膝を伸ばして行うことができる

（高橋明裕）

器械

支持でのまたぎ乗り・またぎ下りから開脚跳びに挑戦！

教材のよさ　・仲間と関わり合いながら、楽しく感覚づくりを行うことで、開脚跳びができるようになる。

【ステップ3】開脚跳び

①最後の一歩は大きく踏み出して
②両足で、ひざを曲げて、少し沈み込む
③体を前に投げ出して、とび箱の先の方に手を着く
④肩と頭を着いた手より前に出す
⑤手でしっかととび箱を突き放す
⑥ひざを曲げてやわらかく着地する

★ここが大切!!　運動の行い方
- 4～5人に跳び箱を1台用意し、練習できるようにする（2～3段でよい。）。
- 最初は、1歩助走から跳ばせることで、勢いがつきすぎないようにする。助走距離を限定するために、跳び箱を置く位置を体育館の壁近くにするよい。
- 「トン（1歩踏み込んで両足踏み切り）・ポン（着手）・パッ（着地）」のリズムで跳ぶように説明する。
- 慣れてきたら、3歩助走から挑戦させ、「1・2のトン（踏み切り）・ポン（着手）・パッ（着地）」のリズムをモデルで確認する。
- ☞「跳び終わった人が合図してから次の人がスタートする」等、安全に練習できる約束をつくる。
- ☞「3回連続で成功し、先生から合格がもらえたら次の段階に挑戦」のようにきまりを徹底し、安全に練習することができるようにする。

【ねらい・単元計画】1回25分程度
○開脚跳びができる。

1・2	3・4	5～8
【感覚と技能のベースづくり】馬跳び・カエル跳び		
【ステップ1】 2人馬跳び	【ステップ2】 跳び上がり・跳び下り またぎ乗り・またぎ下り	【ステップ3】 開脚跳び

【感覚と技能のベースづくり】
【馬跳び】

　　1の馬　　　　　2の馬　　　　　3の馬　　　　　4の馬

- 同じ位の身長のペアで行わせる。
- 馬は、肘に力を入れて背中を伸ばす。また、膝と肘をしっかりと伸ばし、頭を中に入れる。
- 跳ぶ人は、指を開いて手を馬にしっかり着け、押す。少しだけ前を見る。
- 5回跳ぶことに挑戦させ、馬の背中に触っただけで跳ぶ子がいないか確認する。
- ほとんどの子が2の馬が跳べるようになったら、3の馬に挑戦させる。
- 一定時間20秒間に何回できるか挑戦させる。

☞ 馬の子は、跳び終わったことを確認してから立ち上がる。

【カエルとび】

【ステップ1】 2人馬跳び

2人で交互に並んで1の馬をつくり、跳ぶ　　　　　1の馬が跳べたら2の馬を跳ぶ

★ここが大切!! 　運動の行い方
- 4人1組でマットを用意する。
- 2人で交互に並んで、1の馬を作り、一歩「トン」と踏み込んで跳ぶ。
- 1の馬を全員2回跳べたら2の馬に挑戦する。

☞ 馬がくずれること防ぐため、助走はつけない。

【ステップ2】跳び上がり・跳び下り、またぎ乗り・またぎ下り

【跳び上がり跳び下り】

★ここが大切!!　運動の行い方
・1段または2段の跳び箱を縦に置き、一歩助走から跳び箱の中央に着手して跳び上がり、両足の裏で跳び箱の上に乗るようにする。
・両足踏み切り、跳び箱に着手から跳び上がり、着地するという一連の感覚をつかませる。

【またぎ乗り・またぎ下り】

★ここが大切!!　運動の行い方
・助走は一歩にし、両足で軽く踏みきるようにする。
・着手位置は、跳び箱中央より前にし、跳び箱をまたいで座る。
・腕に力を入れ、腰を浮かして手の近くへ進む。
・股の間から両手で跳び箱を押して着地させる。

【ワンポイントアドバイス】

①補助の行い方

・跳び越せない子がいる場合は、腕と腿を持ち、手で押して越える感覚をつかませる。

②着手のめやす

・チョークで着手の位置をはっきりと示す。

■学習カード

かいきゃくとび

____ねん ____くみ ____ばん なまえ____

★できたら○をつけよう

	1かいめ	2かいめ	3かいめ	4かいめ	5かいめ	6かいめ	7かいめ	8かいめ
カエルとび					/	/	/	/
うま								
2のうま								
2人うまとび								
とびあがりとびおり								
またぎのりまたぎおり								
かいきゃくとび 1だん								
かいきゃくとび 2だん								
かいきゃくとび 3だん								

評価：○またぎのりまたぎおりができる　◎かいきゃくとびができる

(萩原雄麿)

器械

器械

トントンクルン！　台上前転！

教材のよさ　・やや高い場所で前転をするという基礎感覚を養うことができる。

【ステップ２】１歩踏み込んで台上前転

【運動の行い方】
- ４〜８人に跳び箱を１台用意し、練習できるようにする。
- ２段の跳び箱で、１歩踏み込んでから前転がりをする。
- 手でしっかり支え、腰を上げ頭頂を着かないように回転する。
- ☞ 助走をつけすぎるとコントロールできなくなるので限定し、確認する。
- ☞「前の人がマットから出たら次の人がスタートする」等、安全に練習できる約束をつくる。
- ☞ ２段で腰の上がらない子は１段を再度行わせる。

【ねらい・単元計画】　１回20分程度
○やや高い場所で前転がりをする基礎感覚を身に付けることができる。

１〜３	４〜６	７〜９
【感覚と技能のベースづくり】 重ねたマットへ前転がり	【ステップ１】 １段の跳び箱で前転がり	【ステップ２】 ２段の跳び箱で前転がり

【感覚と技能のベースづくり】重ねたマットへ前転がり

【マット2枚】

【マット4枚】

【運動の行い方】
- 横向きにおいたマットの上を前転がりする。180cm×90cmのマットは、跳び箱の縦の長さとほぼ同じ長さとなる。300cm×120cmのマットでも良いが、この場合は着手位置が少し前になる。
- 1度に2人同時に行うことができる。戻る方向を決めて取り組ませる。
- 初めはマット1枚から始め、班の全員ができたら、枚数を増やしていく。

★ここが大切!! 運動の行い方
- 回る時にはおへそを見て（あごを引いて）、後頭部からマットに着くようにする。
- 4、5枚になったら、手で支えながらその場でジャンプしてから回ることを理解させる（トン・トン、クル）。

【ステップ１】 １段の跳び箱で前転がり

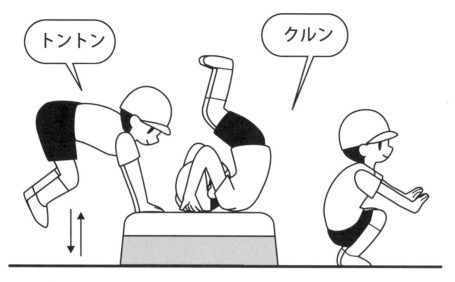

【運動の行い方】
・跳び箱１段（重ねたマット４、５枚の高さと同じ）に手を着いた状態でトントンと２回その場でジャンプしてから、クルンで前転がりをする。
・慣れてきたら、中腰の姿勢から跳び箱に手を着いて行う。

★ここが大切!!　運動の方法
・「トントン、クルン！」という口伴奏をペアで行いながら取り組むとよい。

【ワンポイントアドバイス】

○頭頂を着いたり、腰が上がらなかったりする子は、教師が「トントン、クルン」と言葉をかけ、ジャンプにあわせて腿の裏を持ち上げながら、後頭部を持って頭を中に入れる感じをつかませる。

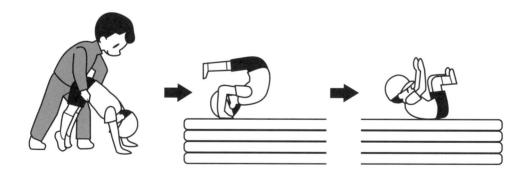

・どうしても頭頂部をマットについてしまう子には、教師が腰を上に持ち上げる補助を行い「後頭部をマットにつけてから回る」経験を積ませる。
・帽子をあごにはさませて、後頭部を先にマットにつける意識を強くもたせてもよい。

■学習カード

トン・トン、クルン！　だいじょうぜんてん！

　　　　ねん　　くみ　　ばん　　なまえ

できたら　○をしましょう

１まいのマットでできる 	
２まいのマットでできる 	
３まいのマットでできる 	
４まいのマットでできる 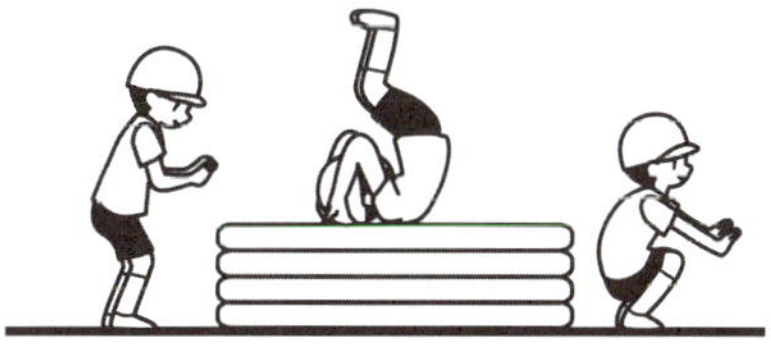	
１だんのとびばこでできる 	
２だんのとびばこでできる 	

評価：○前転がりができる　◎２段の跳び箱で前転がりができる

（石坂晋之介）

走・跳

夢中でかけっこ！　赤・白対抗戦

教材のよさ　・チームの応援を受け、全力で競走することができる。

【ステップ2】赤・白対抗戦

【運動の行い方】
- クラスを赤・白の2つに分ける（体育班、生活班、背の順、集合順…等）。
- それぞれのチームから、1人ずつ競走させ、勝った方の人数が多いチームが勝ち。
- 勝った子と負けた子を分けて座らせる（コーンなどを目印に）。
- 待っている子や走り終わった子は、自分のチームを応援する。
- 記録を伝えて覚えておくよう指示する。
＊運動量を増やしたい場合は、4コースで、2組の競争を同時に行う。
＊2年生は、教師が記録をとるとよい（子どもの意欲向上につながり、リレー等のグループ編成の基礎資料にもなる。）。

【ねらい・単元計画】1回25分程度
○30～40mを、ゴールまで走り切ることができる。

1	2～4	5・6
	【感覚と技能のベースづくり】いろいろな姿勢からダッシュ、いろいろな走り方	
いろいろな走り方	【ステップ1】いろいろなコースでかけっこ	【ステップ2】赤・白対抗戦

【感覚と技能のベースづくり】

○スタートの姿勢を変え、ダッシュ（10〜20m程度）

・腕立て　　　　　　　　　　　　　・体育座り　　　・長座

○「いろいろなリズム」で走る。「いろいろな走り方」をする（10〜20m程度）。

・タイコのリズムに合わせて（ゆっくり、速く、だんだん早く　など）

・片足走り（けんけん）　・大股走り　　　・手を前にして　・ももを高く上げて

手の振りの大切さを意識させる

・その他（手を大きく振って、なるべく小刻みに足を動かして　など）

★ここが大切!!　運動の行い方

・10〜30m程度の短い距離を、繰り返し走らせる。
・コースの利用、目印を置くなどの工夫により、子どもが走りやすいように配慮する。

カラーコーンを見て、まっすぐ走ろう！

はみださないように！

＜その他のバリエーション＞
・「スズランテープ」をズボンに挟み、しっぽに見立て、地面に
　つけないように走る。
・新聞紙を胸にあて、落とさないように走る。

走・跳

【ステップ１】いろいろなコースでかけっこ

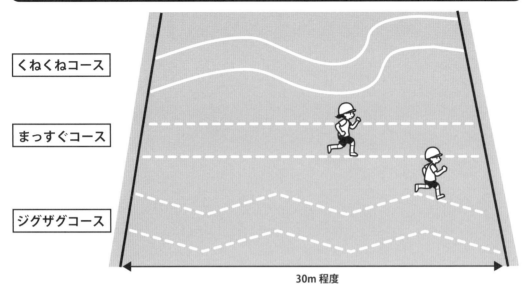

くねくねコース

まっすぐコース

ジグザグコース

30m 程度

【運動の行い方】
・校庭のロープや目印等を活用し、あらかじめコースを設定しておく。
・ラインの上を、ゴールまで走り切る。
・ローテーション等により、すべてのコースを１回以上走る。
・慣れてきたら、自分の走りたいコースを選び、となり同士でかけっこをする。

【ワンポイントアドバイス】

①走り方が安定しない子（ふらふらしている子）への手立て
・片足走り（けんけん）や大股走を繰り返し取り入れる。

・「走る」動作は、両足が同時に着かない。片足で体重を受け止める「けんけん」や、足（脚）に負荷が大きくかかる「大股走」が安定してできることがポイントとなる。

・教師の言葉かけの例

「手を振ってごらん」

「ゴールの先の○○（コーンなど）を見て走ろう！」

＊「走・跳」の単元以外でも、「折り返しの運動」等（16ページ）で、これらの動きを日頃から継続的に取り組むとよい。

■学習カード

かけっこ

ねん　　くみ　　ばん　　なまえ

【いろいろなコース】

	ひにち	できたら、ぬりましょう さいごまではしりきった	はしったコースをぬりましょう			(そのほか) コースや、はしりかた など
			まっすぐ ||	くねくね 〰〰	じぐざく ZZ	
①		○				
②		○	☆	☆	☆	
③		○	☆	☆	☆	
④		○	☆	☆	☆	

【たいこうせん】

	ひにち	できたら、ぬりましょう		あいてにかったら、いろをぬりましょう		(よいきろく)
		さいごまではしりきった	しっかりおうえんできた			
⑤		○	○	☆	☆	(びょう)
⑥		○	○	☆	☆	(びょう)

評価：○ゴールまで走り切ることができる　◎ゴールまで全力で走ることができる

(藤田昌一)

走・跳

折り返しリレー

教材のよさ　・チームで協力して、楽しく競走することができる。
　　　　　　・仲間を応援する大切さや、よさを学ぶことができる。

【ステップ２】リングバトン回旋リレー

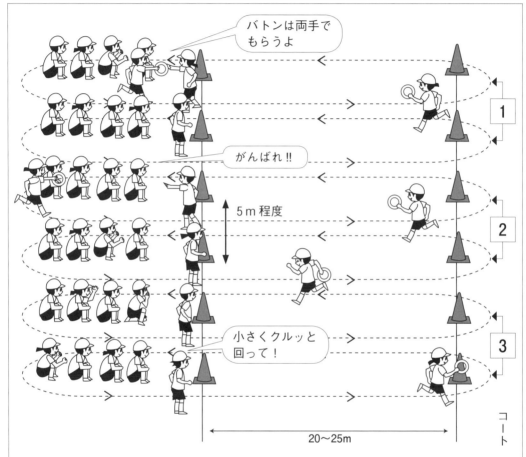

【運動の行い方】
- 男女混合、１チーム６〜８人の２チーム対抗戦。50m走などの記録をもとに各チームの走力を均等にする。チーム数は偶数とする。
- 走って、カラーコーンを回旋し、折り返す。自分のチームの後ろを回り、スタートラインで次の人にリングバトンを渡す。
- チーム対抗入替戦方式で行う（チーム対抗入替戦の行い方は、85ページ参照）。

【ねらい・単元計画】　１回25分程度
〇最後まで全力で走り、次走者にリングバトンを渡すことができる。

１・２	３・４	５〜８
【感覚と技能のベースづくり】 手タッチリレー	【ステップ１】 手タッチ回旋リレー	【ステップ２】 リングバトン回旋リレー

【感覚と技能のベースづくり】

○手タッチリレー
- 1チーム、男女混合3～4人。折り返して走ってきた人と、手でタッチしたらスタートさせ、2チーム対抗で手タッチリレーを行わせる。

★ここが大切!! 運動の行い方

○チーム対抗入替戦
- 意欲が継続するように1回戦ごとに相手を変え、「今度は勝てるかも」という気持ちをもたせる。

○チーム対抗入替戦
勝敗によって対戦相手を入れ替える。

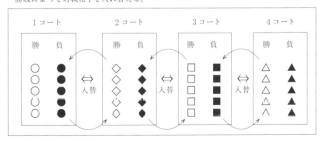

※負けたチームは、1つ下がる。勝ったチームは、1つ上がる。

【ステップ１】手タッチ回旋リレー

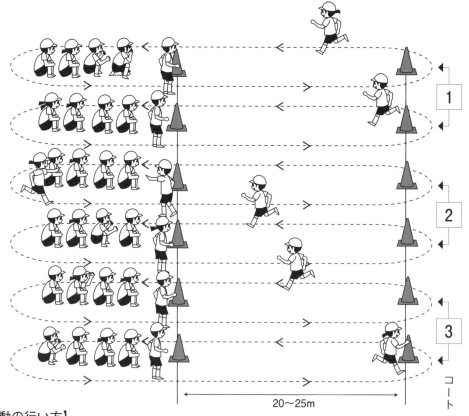

【運動の行い方】
- 男女混合、１チーム６～８人。50m走などの記録をもとに各チームの走力を均等にする。チーム数は偶数とする。
- 走って、カラーコーンを回旋し、折り返す。
- 自分のチームの後ろを回り、スタートラインで次の人にタッチする。
- 対抗戦方式で行う。

【ワンポイントアドバイス】

【タッチする前にスタートはダメ】　　【うしろ向きタッチの仕方】

■学習カード

てタッチリレー　リングバトンかいせんリレー

　　　　　　　　ねん　　　くみ　　　ばん　　　なまえ

【てタッチ回旋リレー】

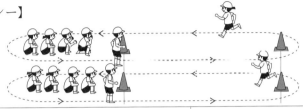

	ひにち	できたらいろをぬりましょう		あいてにかったら いろをぬりましょう		
		さいごまで はしりきった	しっかり おうえんした	1かいめ	2かいめ	3かいめ
①		○	○	☆	☆	☆
②		○	○	☆	☆	☆
③		○	○	☆	☆	☆
④		○	○	☆	☆	☆

【リングバトンかいせんリレー】

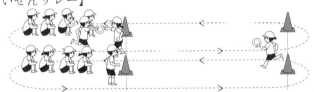

	ひにち	できたらいろをぬりましょう		あいてにかったら いろをぬりましょう		
		バトンパスまで はしりきった	しっかり おうえんした	1かいめ	2かいめ	3かいめ
①		○	○	☆	☆	☆
②		○	○	☆	☆	☆
③		○	○	☆	☆	☆
④		○	○	☆	☆	☆

評価：○バトンパスをしてリレーをすることができる
　　　◎バトンをしっかり渡し、リレーをすることができる

（保坂篤司）

走・跳

目指せ高得点！
回旋リレー・障害リレー

教材のよさ ・チームで競争する楽しさを味わうことができる。

【ステップ3】回旋障害リレー（横取り式）

<教具>
・カラーコーン×チーム数
・障害物（ケンステップの輪・小型ハードル・段ボール・ペットボトルなど）×チーム数×2〜3程度

【運動の行い方】
・男女混合で1チーム4〜8人程度のチームを作る。人数に過不足がある場合は、一番多いチームに合わせる。この場合、少ないチームからは、2回走る子を選ぶ。バトンは使わずに、手タッチで行う。基本的には4チーム対抗戦とする。
・障害物は、各チームで相談し、自由においてよい。
・1番のチームは最下位のチームから障害物を2個、2番は下から2番目のチームから1個もらう。最終レース後、1番多く障害物を持っていたチームの勝ちとする。

【ねらい・単元計画】 1回25分程度
○リレーの行い方を知り、障害物をリズムよく走り越すことができる。

1	2・3	4〜6
【感覚と技能のベースづくり】 ネコとネズミ・リズム走	【ステップ1】 回旋リレー	【ステップ2】 回旋障害リレー

【感覚と技能のベースづくり】

①ネコとネズミ

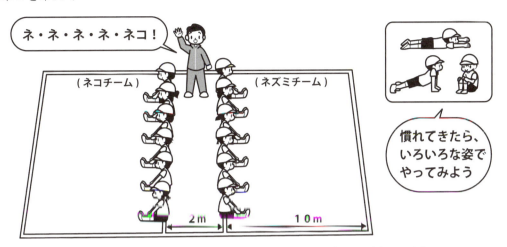

★ここが大切!!　運動の方法「ネコ・ネコ・ネコ・……ネズミ！（ネコ！）」

・ネコとネズミの2チームに分ける（男子と女子で分けてもよい）。
・教師は、「ネコ」「ネズミ」のどちらかを大きな声で言う。「ネコ」と言ったら、ネコチームは逃げ、ネズミチームが追う。タッチされたら負け。ゴールラインまで逃げ切れれば勝ちとする。
・トラックのストレートラインをゴールに使うとよい。また、真っ直ぐに走る目安として、ディスクコーンをゴールラインに置いてもよい。

②障害走につながる簡単な教具を使ったリズム走

★ここが大切!!　運動の方法

・回旋リレー用のコースに、障害物を置いてリズム走をする。置き方は子どもに任せ、どういう並び方が走りやすいかを考え、その理由を述べさせる。

※他のチームのコースも走らせるとよい。

【ステップ１】回旋リレー（得点方式）

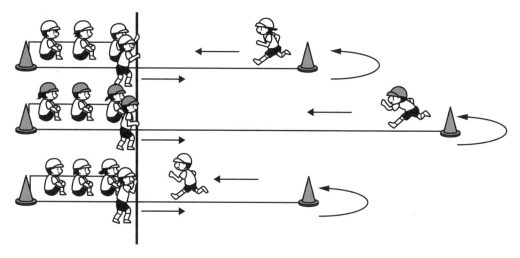

★ここが大切!!　運動の方法
- 男女混合で１チーム４〜８人程度のチームを作る（基本４チーム）。人数に過不足がある場合は、一番多いチームに合わせる。この場合、少ないチームからは、２回走る子を選ぶ。
- １番のチームは20点（２ｍ）、２番は10点（１ｍ）とし、折り返し地点のカラーコーンを得点分だけ後方に下げる。３回戦くらい行い、最終得点が高い（最も遠くにコーンがあった）チームの勝ちとする
※上記の得点ラインを引くのが大変な場合は、教師の歩測（大股１歩程度）で印を付けるようにしてもよい。

【ワンポイントアドバイス】

①バトンの受け渡し

パスは走者を見ながら行う

- 走りながら棒バトンもらうのは、低学年では難しい。リングバトンを使い、走者を見ながら確実に渡すようにする。２年生では、手を伸ばして片手でもらえるようにする。
- 障害リレーの場合は、転んだ際に手を着きにくくなるため、手タッチにする。

②接触しても痛くない教具

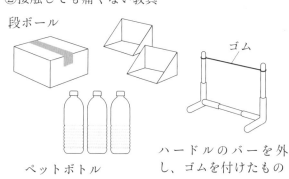

段ボール　　　　　　　　　ゴム

ペットボトル　　ハードルのバーを外し、ゴムを付けたもの

- 障害走は、物を跳び越して走る。教具は、小型ハードルやケンステップの輪以外にも、接触しても痛くないものを工夫して作ることができる。

■学習カード

かいせんリレー・しょうがいリレー

　　　　　ねん　　　くみ　　　ばん　　　なまえ

＜とくてんゲット！　リレー＞

	月　　日	月　　日	月　　日
かいせんリレー	てん	てん	てん

しょうがいがはしりやすかったコースをかきましょう（しょうがいぶつのおき方など）。

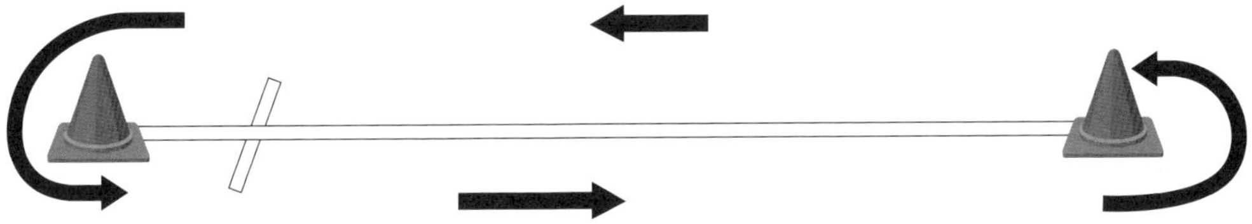

＜よこどり！　リレー＞

	月　　日	月　　日	月　　日
しょうがいリレー			

チームでかんがえたさくせん（はしるじゅんばん・しょうがいぶつのおき方など）

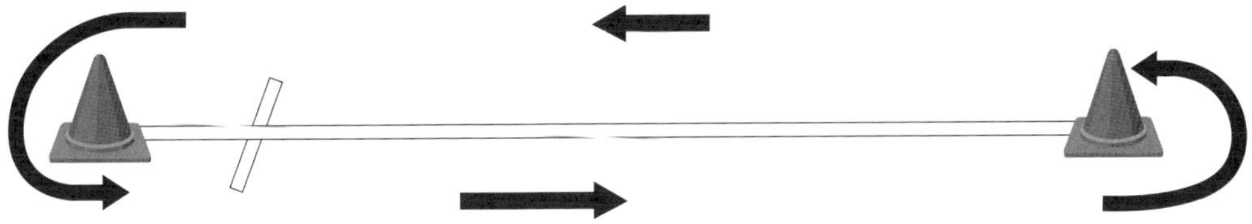

評価：〇障害物を走り越えることができる　◎リズムよく走ることができる

（佐藤哲也）

走・跳

ねらってジャンプ！　幅とび遊び

教材のよさ　・測定の手間がなく、目標をもって運動に取り組むことができる。

【ステップ2】ねらってジャンプ

【運動の行い方】
- 1つのコースの横幅は2m程度確保する。
- 50cmから1m程度の踏み切りゾーンを設け、そこから踏み切ってとぶ。目安としてベース板を置いてもよい。
- 助走は5m程度とする。
- 片足で踏み切って、両足で着地する。
- それぞれのケンステップに2回両足着地することができたら、得点となる。実態によって5点目を用意してもよい。また、ケンステップがない場合はアルミ等の旗ポールや竹に2cm程度の平ゴムを3本程度張って得点化するとよい。

【ねらい・単元計画】1回20分程度
○「片足踏み切り」「両足着地」を身につけることができる。

1～3	4～6
【感覚と技能のベースづくり】 ケン・ケン、パー（ケン・パー）	【ステップ2】 ねらってジャンプ
【ステップ1】グリコじゃんけん	

【感覚と技能のベースづくり】ケン・ケン・パー　ケン・ケン・グー

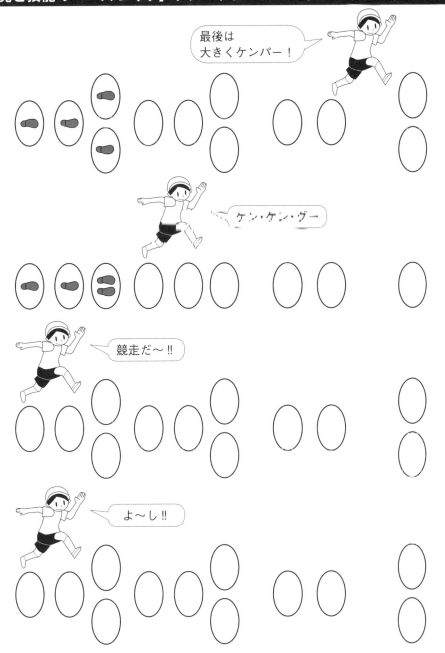

【運動の行い方】

- ケンステップを並べて、グループごとにケン・ケン・パーを行う。
- 慣れたら、ケン・ケン・グーを行う。
- ペアでどちらが速いか競ってもよい。

★ここが大切!!　運動の行い方

- ケンケンパーに慣れてきたら、最後を「ケンケーン、パ」と少し遠くに跳ぶよう広げる形にする。

【ステップ１】グリコじゃんけん

スタート　　　　　　　　　　　　　　　　　　　　　　おりかえしライン

【運動の行い方】
- ２人組（３人の場合もあり）でスタートラインでじゃんけんをする。
- グーで勝ったら３歩（グリコ、グリコグリコで６歩でもよい）、パーで勝ったら６歩（パイナップル）、チョキで勝ったら６歩（チョコレイト）進める。
- おりかえしラインまでいけたら１点、スタートラインまでもどったら２点と、一定時間（１分30秒程度）で何点とれるか勝負し、得点の多い人の勝ち。
- 個人戦、２チーム対抗戦（勝った人が多い方の勝ち）などできる。

★ここが大切!!　運動の方法
- グリコの「コ」、チョコレートの「ト」、パイナップルの「ル」は、両足で着地するようにする。

【ワンポイントアドバイス】

○１歩踏み切り

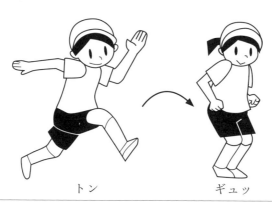

トン　　　　ギュッ

- 片足踏み切りができない子には、１歩で、片足踏み切りの練習をする。「トン（１歩で踏み切る）」「ギュッ（両足着地）」などの口伴奏を使うとよい。

■学習カード

はばとびあそび

____ねん ____くみ ____ばん　なまえ_____

できたら ○をしましょう

ケンケンパーを はみださないで できる	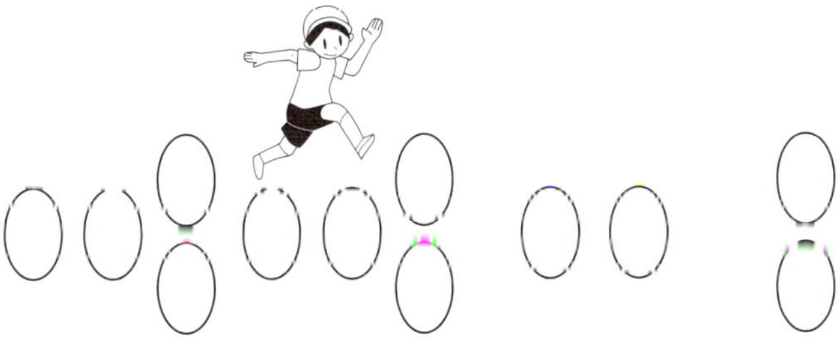
グリコじゃんけんのさいごを りょうあしで ちゃくちできる	

ねらってジャンプでは なんてんでしたか？

／	1てん	2てん	3てん	4てん
／	1てん	2てん	3てん	4てん
／	1てん	2てん	3てん	4てん

評価：○片足踏み切り、両足着地ができる
　　　◎2点や3点に安定して着地することができる

（石坂晋之介）

走・跳

ぴょんぴょんとぼう！
連続ゴム跳び・ゴム高跳び

教材のよさ　・取り組み方の工夫ができ、いろいろな跳躍に挑戦できる。
　　　　　　・ゴムの張り方を変えることで、自分の力に合った跳躍ができる。

【ステップ2】ゴム高跳び（跳び方やゴムの張り方を工夫）

【運動の行い方】
・跳び方やゴムの張り方を工夫し、いろいろな跳び方に挑戦する。
・助走をつける場合は、「3歩まで」と決めておく。
・始めは、グループの子どもが皆無理なく跳べる高さ（ひざ下程度）から始める。
☞ 着地の徹底（転んだり、手をついたりした場合は、跳べたことにしない。）
☞ 高さをむやみに上げない。最高でも股下程度（ズボンの真ん中）までとし、高く跳べる子には、「2歩助走」「1歩助走」「助走なし」「両足ジャンプ」「ゴムの幅を広げる」等に挑戦させる。

【ねらい・単元計画】　1回25分程度
○3歩程度の助走から踏み切って、上方に跳ぶことができる。

1〜3	4〜6
【感覚と技能のベースづくり】いろいろなジャンプ	
【ステップ1】連続ゴム跳び	【ステップ2】ゴム高跳び

【感覚と技能のベースづくり】

○その場で軽く両足ジャンプを行い、教師の指示や合図（タイコ）に合わせて跳ぶ。

「3つ目で高く跳ぶ」　「後ろ向き(1/2回転)」　「大の字ポーズ」　「ポーズを工夫」

・早いリズムや、遅いリズムなど、両足ジャンプそのもののリズムを変えるのもよい。
・「片足踏み切り」から「両足着地」に挑戦させるなど、児童の実態によって、バリエーションを加えていく。

○手たたき跳び（両足ジャンプをしながら空中で手をたたく）

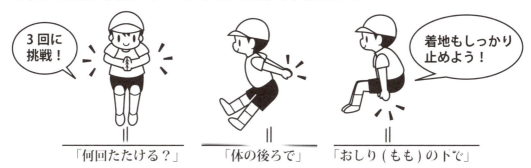

「何回たたける？」　「体の後ろで」　「おしり(もも)の下で」

○あんたがたどこさ
・みんなで口ずさみながら、「さ」のところで特定の動きをする。
　「その場ジャンプをしながら、「さ」は前に、「さ」の次は後ろに戻る」

あんた　がた　どこ　さ　ひご　さ

・その他、「右に一歩ずつジャンプしながら「さ」は左に」など様々工夫できる。
・グループやクラスで手をつなぎ、円になって行うこともできる。

★ここが大切!!　運動の行い方
・両足や片足で踏み切って跳ぶ経験を積んでいない児童が多いので、教師が言葉かけをしながら、いろいろな跳躍を楽しく行わせることが大切である。
・「ステップ1、2」の学習に向けて、着地でふらつかないよう指導しておく。

【ステップ１】連続ゴム跳び（ぴょんぴょんジャンプ）

【運動の行い方】
- 片足や両足で踏み切って、ゴムの反対側に着地する（助走なし）。
- 全員が跳べる高さ（すね～ひざ程度）から始め、リズムよく連続で跳べるようにしていく。
- リズムにこだわらず、跳ぶ時の「ポーズ」や「手たたき」等に挑戦させてもよい。
- 足首からズボンにかけて斜めにゴムを張る、跳びたい高さに挑戦する、複数で跳ぶなど、児童の実態に応じてバリエーションを広げていく。

【ワンポイントアドバイス】

①跳べない子や着地が安定しない子への手立て
- ゴムの高さを低くする。
  「すね」「足首」、場合によっては、「地面」など、できる高さで自信をつけていく。
- ＊このような子が多い場合（特に１年生）は、「ステップ」の学習にこだわらず、【感覚と技能のベースづくり】で取り上げた運動を、クラス全体で時間をかけて取り組むことが大切。
- ＊「走・跳」の単元以外でも、「体つくりの運動」（16ページ）等により、日頃から跳躍系の運動に継続的に取り組んでおくとよい。

■学習カード

ぴょんぴょんジャンプ！「ゴムとび」

ねん　　くみ　　ばん　　なまえ

【れんぞくゴムとび】

ひにち	できたら、いろをぬりましょう		ちょうせんしたものに、いろをぬりましょう	そのほか（ポーズ）（ふたりで）など
	ともだちをおうえんできた	れんぞくでとべた		
①	○	○	【とびかた】　　りょうあし　　○○○　　かたあし（こうご）○○○	
②	○	○	【ゴムのたかさ】　　あしくび　○○○　　すね　　○○○	
③	○	○	ひざ　　○○○　　ななめ　○○○	

【ゴムたかとび】＊じょそうは「3ほ」まで

ひにち	できたら、いろをぬりましょう		ちょうせんした「たかさ」（○をつける）	とびかたのれい
	ともだちをおうえんできた	した（3かいせいこう）		
④	○	○	②ひざ　①すね	りょうあし　かたあし
⑤	○	○	③もも　②ひざ　①すね	じょそう「なし」じょそう「1ほ」じょそう「2ほ」じょそう「3ほ」
⑥	○	○	③もも　②ひざ　①すね	

＊ゴムのはりかたも、くふうしてみよう！

評価：○片足踏み切り、両足着地ができる　　◎膝の高さまで跳ぶことができる

（藤田昌一）

水泳

水遊び　1年生

教材のよさ　・友だちと楽しみながら泳法の基礎を身につけることができる。

【ステップ4】水慣れの運動遊び④

①大の字浮き

大きく息を吸う

②大の字浮き発展

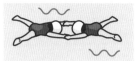 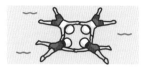

・はじめはバディで行い、教師が指定の秒数を数える。
・肘と膝をしっかりと伸ばし、曲げないようにする。
・慣れてきたら人数を増やす。

③いかだ引き

友達の手にのせて、体の力を抜く

耳が沈んでなければ教えてあげるよ

同じスピードで進もう

④宝さがし　⑤股くぐり

くぐりやすいように手で送るよ

・宝探しは、2つのチームに分かれて、個数を競う。
・宝を投げないように注意をする。
・股くぐりはじゃんけんで役割を決め、数回戦行う。

★ここが大切!!　運動の行い方
・空気をたくさん吸い込み、耳まで潜ることで体全体を浮かせられるようにする。
・友達と一緒に取り組ませ、リラックスして色々な姿勢で浮くことができるようにする。
・水中で目を開けて運動に取り組ませるようにする。

【ねらい・単元計画】　1回45分程度
〇水中に潜ったり、浮いたりするなど様々な姿勢をとることができる。

1・2	3〜5	6〜10
【ステップ1】水慣れの運動遊び①		
【ステップ2】水慣れの運動遊び②	【ステップ3】水慣れの運動遊び③	【ステップ4】水慣れの運動遊び④

【ステップ１】水慣れの運動遊び①

①シャワー　②顔洗い　③おじぞうさん

④水中かけっこ　⑤ワニ歩き　⑥おにごっこ

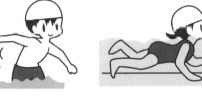

水の抵抗を感じたり、浮力を感じたりすることができる。	浅いプールに両手をつき、手を使ってワニのように歩く。	・じゃんけん等で鬼を決める。 ・走って追いかける。 ・手をつないだ手つなぎおにをするのもよい。

⑦じゃんけん列車

・２人組でじゃんけんをし、負けた子が勝った子の後ろへつき肩をつかむ。
・別の組とじゃんけんを行い、最後は全員で繋がる。

【ステップ２】水慣れの運動遊び②

①バブリング

壁を持って　口までつけて　鼻までつけて　頭までつけて

②カニ歩き

③顔つけ　④２人で顔つけ

プールサイドにつかまり、息を吸い込む。	息を止めて、顔を水につける。	・向き合って手を繋ぎ、大きく息を吸い込む。 ・顔をつけ、長くつけられていた方の勝ち。

★ここが大切!! 運動の行い方
・それぞれの運動を行う前にしっかりと息を吸わせる。
・バブリングは、口までつけた時は口から吐き、鼻までつけたときは鼻から吐く。
・バブリングで頭までつけた時に、息を吐くとゆっくりと沈むことに気付かせる。
・カニ歩きは口や鼻から息を吐いて、横移動をしたり、鬼を決め鬼ごっこをしたりする。
・プールサイドにつかまった顔つけは、2秒→5秒→10秒と少しずつ難しくする。
・2人で顔つけは、交互に顔をつけたり、一緒に顔をつけたりする。
・2人で顔つけは、どちらが長く潜っていられるかを競う、顔つけ競争もできる。

【ステップ3】水慣れの運動遊び③

①プールサイドにつかまって浮く　　②手のせ浮き

　2秒→5秒→10秒と少しずつ難しくする。　・5秒→10秒と少しずつ難しくする。
・交代して行う。

③だるま浮き、くらげ浮き

だるま浮き　くらげ浮き　大の字浮き

立ち方
膝を曲げ、水を手で押さえるようにしながら、ゆっくり立つ。

④ボビング　　友だちと息を合わせよう　　⑤進みながらボビング　　前にジャンプするよ

潜った時に「ンー」と息を吐き、水面に顔を出した時に「バァ」と息を吸う。

・前方向に進みながらプールの横を往復する。
・鬼を決め、鬼ごっこをする。

★ここが大切!! 運動の行い方
・それぞれの運動をはじめる前にしっかりと息をたくさん吸っておく。
・単元が進むにつれて浮く時間を長くしていく。
・ボビングは、1人→2人で行い、回数も2回→5回と少しずつ難しくする。

【ワンポイントアドバイス】

つかまってもぐる　　教師の水かけ　　すべり台

プールサイドにつかまることで安心感が生まれます。

水に苦手意識のある子には、教師が少しずつ水をかけたり、すべり台で頭から水に入るようにする。

■学習カード

すいえい

ねん　　くみ　　ばん　　なまえ

できたら□にひにちをかこう

かべもちうき 5びょう	くらげうき 5びょう	だるまうき 5びょう	てのせうき 5びょう
ボビング	いかだひき	めやあけてしこ	またくぐり

なんびょうできたかをかいておこう

わざ									
①かおつけ									
②だいのじうき（大きく息を吸う）									
③ともだちとだいのじうき（にんずうとじかんをかこう）									

ういたりもぐったりするコツをかきましょう（すいえいがくしゅうがおわったら）。

評価：〇水をこわがらないで運動できる　◎水中で自由に体を動かすことができる

（山崎和人）

水泳

水遊び 2年生

教材のよさ ・友だちと楽しみながら浮く・潜る・進むなどの泳法の基礎を身につけることができる。

【ステップ4】水慣れの運動遊び④

①変身浮き（順番を変えても可能）

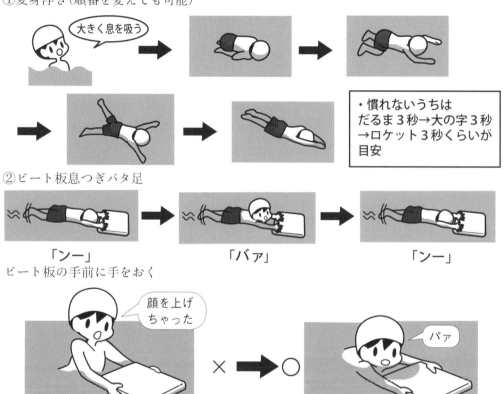

・慣れないうちは
だるま3秒→大の字3秒
→ロケット3秒くらいが
目安

②ビート板息つぎバタ足

「ンー」　　　「バァ」　　　「ンー」
ビート板の手前に手をおく

× あごが上がりすぎ　　○ あごが水面についている

★ここが大切!! 運動の行い方
・プールの横を使って、途中で立たないで泳ぎきることを目標に練習をする。
・おへそを見ながら、上半身、下半身の力を抜いて水中でバタ足をする。
・顔を水面につけているときは「ンー」と息を吐き続ける。
・「バァ」と呼吸をするときはビート板を下に押すようにする。
・力が入りすぎて、バタ足が激しくなると長続きしなくなる。

【ねらい・単元計画】1回45分程度
○泳法の基礎・基本を身に付け、ビート板バタ足ができる。

1・2	3〜5	6〜10
【ステップ1】水慣れの運動遊び①		
【ステップ2】水慣れの運動遊び②	【ステップ3】水慣れの運動遊び③	【ステップ4】水慣れの運動遊び④

【ステップ１】水慣れの運動遊び①

①浮くこと　　　　　　　　　　　　　　　　　②いかだ引き

だるま浮き　　くらげ浮き　　　大の字浮き　　　ロケット

- それぞれの動きをはじめる前に息をたくさん吸っておく。
- 単元が進むにつれ、浮く時間を長くしていく。
- ペアでどちらが長くできるか競争してもよい。

③潜る運動　　　　　　　　　　　　　　　　　④呼吸

「くぐりやすいように手で送るよ」

「友だちと息を合わせよう」

宝探し　　　　股くぐり　　　　　　　　ボビング　　　２人でボビング

- 宝探しは、２チームに分かれ、拾った個数を競う。
- ☞ 宝を投げないように指導をする。
- 股くぐりはじゃんけん役割を決め、数回戦行う。

- 潜ったときに「ンー」と息を吐き、水面に顔を出した時に「バァ」と息を吸う。

【ステップ２】水慣れの運動遊び②

①イルカジャンプ

姿勢を作る　→　ジャンプをする　→　立ち上がる

- 頭を両腕で挟んで、抵抗の少ない姿勢を作る。
- ジャンプして指先から、頭、体の順で入水する。
- 水を抑えて立ち上がり、次のジャンプに入る。

頭が下がって体が浮く感覚を体験できる

②腰かけバタ足　　　　　③背浮き

「腰かけて膝を伸ばしてバタ足をする」

ラッコ浮き

- 背浮きは、あごを上げて、おへそを水面に出すように反る。
- 背浮きが難しいときは、ビート板を使いラッコ浮きをする。

【ステップ3】水慣れの運動遊び③

①水中花火

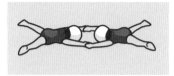
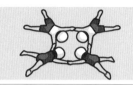

- はじめはバディで行い、教師が指定の秒数を数える。
- 肘と膝をしっかりと伸ばし、曲げないようにする。
- 慣れてきたら人数を増やす。

②水中ロケット（けのび）

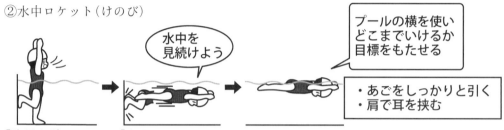

「片足を壁につけ」「もぐって、けるー」

水中を見続けよう

プールの横を使いどこまでいけるか目標をもたせる

- あごをしっかりと引く
- 肩で耳を挟む

③あおむけいかだ引き　　④壁もちバタ足

力を抜いて

手の平に頭を乗せて引っ張る

肘を伸ばし顔は水面から上げてキックをする

⑤ビート板バタ足（ビート板の先を持つ）

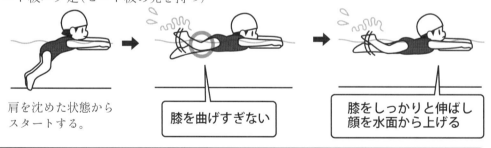

肩を沈めた状態からスタートする。

膝を曲げすぎない

膝をしっかりと伸ばし顔を水面から上げる

【ワンポイントアドバイス】

＜教師・友だちの補助＞

背浮き

腰を持って支えることで沈むのを防ぐ

いかだ引き

頭が上がり、耳が沈んでない時は引っ張る子が頭を触って教える

■学習カード

水えい

ねん　　くみ　　ばん　　なまえ

できたら□に日にちを書こう

だるまうき		大の字うき		ロケット		へんしんうき①	

へんしんうき②		イルカジャンプ		いかだ引き		あおむけいかだ引き	

＊1人でできた→◎　お手つだいでできた→○　もうすこしでできそう→△

技								
①せうき りょう手お手つだい→り かた手お手つだい→か ゆびだけお手つだい→ゆ								
②顔を上げたビートばんバタ足でプールの横を立たずにおよぎきる								
③顔をつけたビートばんバタ足でプールの横を立たずにおよぎきる								

ビートばんバタ足のコツを書きましょう。（水えい学しゅうが終わったら）

評価：○ビート板バタ足をすることができる　◎ビート板バタ足で横を泳ぎ切れる

（山崎和人）

ゲーム

どきどき、わくわく、おにごっこ

教材のよさ　・逃げる、追いかける、単純なルールで楽しく精一杯体を動かすことができる。

【ステップ3】ふやしおに

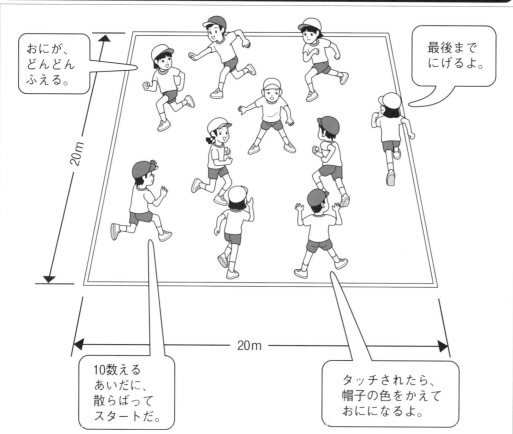

【運動の行い方】
- 1辺20m位のコートの中に、全員が散らばる。（20人～30人）（白帽子）
- 初めにおにを2～5人（赤帽子）決める。
- おににタッチされた子どもはおにになる。（白帽子から赤帽子に変える）
- 一定時間（30秒～1分）最後まで逃げ切った子どもが「チャンピオン」になる。
- 「チャンピオン」が、次のおにになる。
☞ 周りをよく見て逃げるよう指示する。

【ねらい・単元計画】1回20分程度
○全力で走って、つかまえたり、逃げたりすることができる。

1～3	4～6	7・8
【感覚と技能のベースづくり】ネコとネズミ		
【ステップ1】 手つなぎおに	【ステップ2】 こおりおに	【ステップ3】 ふやしおに

【感覚と技能のベースづくり】

○ネコとネズミ「ね、ね、ね・ねこ！（ねずみ！）」

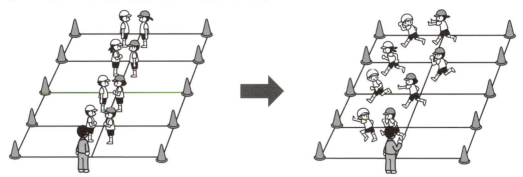

・呼ばれたチームの人は、相手を追いかける。呼ばれなかった人のチームは後ろに逃げる。
☞ 隣の子とぶつからないように、まっすぐ走るように言葉かけをする。カラーコーンを目印に置いたり、コースロープを使ってコートをつくるなど子どもたちがまっすぐ走れるような場づくりをするとよい。

【ステップ１】手つなぎおに

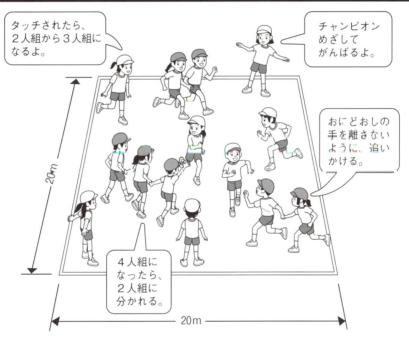

【運動の行い方】
・１辺20m位のコートの中に、全員が散らばる（20～30人）（白帽子）。
・初めにおにを２～３組（赤帽子）決め、２人で手をつないで追いかける。
・おににタッチされた子どもはおにになる（白帽子から赤帽子に変える）。３人で手をつないで追いかける。
・おにが４人になったら、２組に分かれる。
・一定時間（30秒～１分）最後まで逃げ切った子どもが「チャンピオン」となる。
・「チャンピオン」が次のおにになる。

【ステップ2】こおりおに

【運動の行い方】
- 初めにおにを2～5人（赤帽子）決める。
- 1辺20m位のコートの中に、全員が散らばる（20～30人）（白帽子）。
- おににタッチされた子は「こおり」になり動けなくなる。
- 他の逃げる子にタッチされると、再び逃げることができる。
- 一定時間（30秒～1分）最後まで逃げ切った子どもが「チャンピオン」になる。
- 「チャンピオン」が、次のおにになる。

【ワンポイントアドバイス】

「ネコとネズミ」、「てつなぎおに」を通して、安全に運動するためにはルールを守ることが大切なことを教えよう。繰り返し何回もゲームをすることで、追いかける動き、逃げる動きを十分に経験させよう。

図や言葉で説明するよりも、モデルの子どもたちに動いてもらうとすぐに理解してもらえるよ。

■学習カード

おにごっこ

ねん　　くみ　　ばん　　なまえ

【てつなぎおに】

	ひにち	できたらいろをぬりましょう				
		しっかり にげた	しっかり おいかけた	ルールを 守れた	なかよく できた	たのしく できた
①		○	○	☆	☆	☆
②		○	○	☆	☆	☆
③		○	○	☆	☆	☆

【こおりおに】

	ひにち	できたらいろをぬりましょう				
		しっかり にげた	しっかり おいかけた	ルールを 守れた	なかよく できた	たのしく できた
①		○	○	☆	☆	☆
②		○	○	☆	☆	☆
③		○	○	☆	☆	☆

【ふやしおに】

	ひにち	できたらいろをぬりましょう				
		しっかり にげた	しっかり おいかけた	ルールを 守れた	なかよく できた	たのしく できた
①		○	○	☆	☆	☆
②		○	○	☆	☆	☆
③		○	○	☆	☆	☆

> 評価：○逃げたり、追いかけたりすることができる
> 　　　◎最後まで逃げ切ることができる

(保坂篤司)

ゲーム

相手をかわして！　宝運び

教材のよさ　・進行方向がわかり、走る、曲がる、といった多様な動きを楽しんで経験できる。

【ステップ2】宝運び

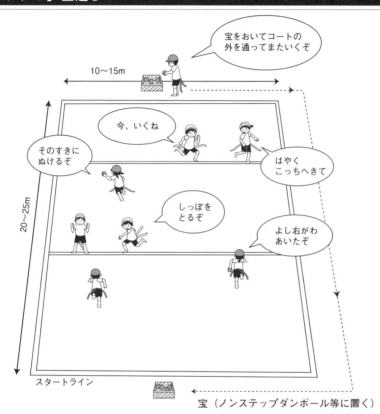

【運動の行い方】
- 1チーム4～5人。攻めは、宝（紅白玉）をゴールラインまで運べたら得点。時間内に何度も繰り返す（一斉スタートでなくてよい。）。
- 攻めが、しっぽを取られたり、コートの外に出てしまったりした場合はスタート地点からやり直す。取られたしっぽは返してもらう。
- 守りは、守備エリアの中だけを動くことができる。
- ☞ **戻る時は必ずコートの外を通らせる。**
- ☞ **相手から逃げる時は回転させない。**

【ねらい・単元計画】1回20分程度
○空いているところをねらって走り抜けることができる。

1・2	3～6
【感覚と技能のベースづくり】ドラキュラ	
【ステップ1】チーム対抗しっぽとり	【ステップ2】宝運び

【感覚と技能のベースづくり】ドラキュラ

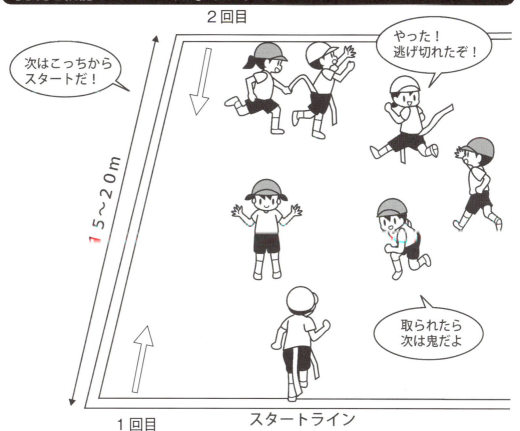

★ここが大切!! 運動の方法
- 逃げる人と追いかける人を帽子の色で分ける（初めの追いかける人の目安はクラスの4分の1を目安にするとよい。）。
- 逃げる人は、教師の合図に合わせて反対側まで走る。
- 追いかける人は、エリア内で逃げている人のしっぽをとる。
- 逃げ切ることができた人は、次の合図を待つ。次の合図で反対側に走る。
- しっぽをとられたら、追いかける人になる。
- 3～4回繰り返す。最後まで残った数人を次の追いかける人にするとよい。

☞ぶつかるので逃げる時に回転しない。
☞コート幅は1人あたり4～5mを目安とする。

【ワンポイントアドバイス】

しっぽのつけ方

タグラグビー用のベルトを使用してもよいが、装着に時間がかかる。タグやハチマキをズボンに挟むと装着に時間がかからない。
☞**安全のため必ず腰の両側につける。**

【ステップ１】チーム対抗しっぽとり

★ここが大切!!　運動の方法
・２チームに分かれて、互いのしっぽを取り合う。
・しっぽを取られてしまったら、自陣のカゴに取りに行き、しっぽをつけ直して再度参加する。
・時間内にたくさんシッポを取った方が勝ち。

【ワンポイントアドバイス】

○突破するためのコツ

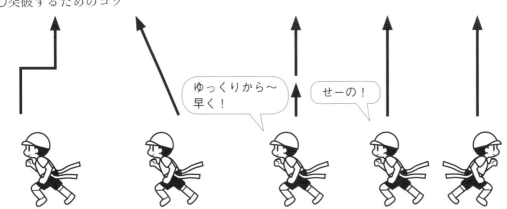

■学習カード

たからはこび

ねん　　くみ　　ばん　　なまえ＿＿＿＿＿＿＿＿＿＿＿＿

	じぶんのとくてん	かちまけ
● しっぽとり（つけ直したのでまた参加） 		◯　　×
		◯　　×
● たからはこび 宝をおいてコートの外を通ってまたいくぞ 10～15m　20～25m 今、いくね そのすきにぬけるぞ はやくこっちへきて しっぽをとるぞ よし右がわあいたぞ スタートライン		◯　　×
		◯　　×
		◯　　×
		◯　　×

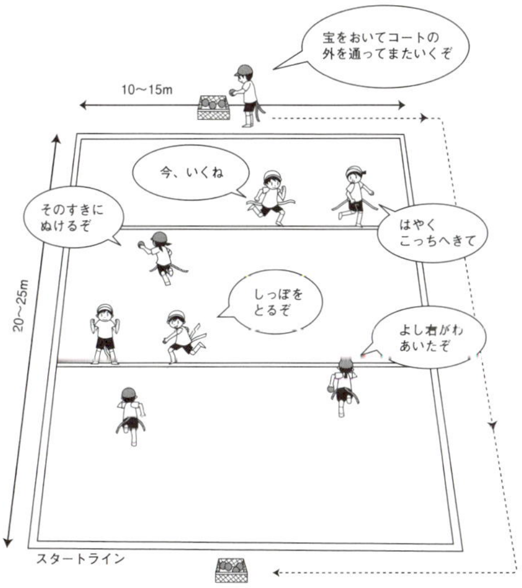

・どうするとたからがたくさんはこべますか？えでかいてもいいです。
　（さいごのじゅぎょうでかきます。）

評価：◯たからをはこべた
　　　◎おともだちときょうりょくして、たくさんたからをはこべた

（早川光洋）

ゲーム

ゲーム

はしごドッジボール

教材のよさ
・投捕の運動頻度を保障できる。
・技能差に応じてコートの大きさが変わり、もっている力でゲームを楽しむことができる。

【ステップ2】はしごドッジボール2

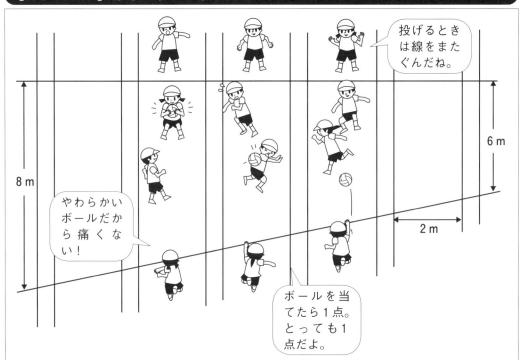

投げるときは線をまたぐんだね。

やわらかいボールだから痛くない！

ボールを当てたら1点。とっても1点だよ。

6 m

8 m

2 m

・「どこまで投げ」の実態に合わせて（ステップ1で見取る）男女混合の等質4人組をつくる。コートが広い方に、遠くまで投げることができるグループを配置する。
・ミカサスマイルボール4号球等を使用する。

【運動の行い方】
・外野と内野の自分の点数を数える。
・前半2〜3分間ゲームを行い、内野と外野を交代し、後半を行う。
・後半の、外野・内野それぞれの得点は、前半の得点に続けて加算する。
・ゲーム終了後、一番多く得点をとった人が勝ち。
・一番得点が多かった人は1つ左のコート（大きいコート）へ移動し、一番少なかった人は1つ下のコート（小さいコート）に移動する。
・点数が同じ場合や、もめた場合はジャンケンで決める。

【ねらい・単元計画】 1回25分程度
○投げる・捕る技能を高めることができる。

1・2	3〜5	6〜8
【感覚と技能のベースづくり】 どこまで壁ぶつけ	【ステップ1】 はしごドッジ1	【ステップ2】 はしごドッジ2

【感覚と技能のベースづくり】どこまで壁ぶつけ

- 班で1つボールを持ち、3mのラインから順番に投げる。
- 壁にボールが6回当たったら、1本後ろのラインに下がり、挑戦する。
- 外に壁がない場合は、体育館で行うとよい。
- 後ろに転がったボールは待っている子が拾って渡してあげるよう指示する。

★ここが大切!! 運動の行い方
【どすこい投げ】

- 壁に対して横を向いて立つ（正対しない）ことを意識させる。
- 上げた前足を踏み出してラインを越えることで強いボールが投げられる。

【ステップ１】はしごドッジボール１

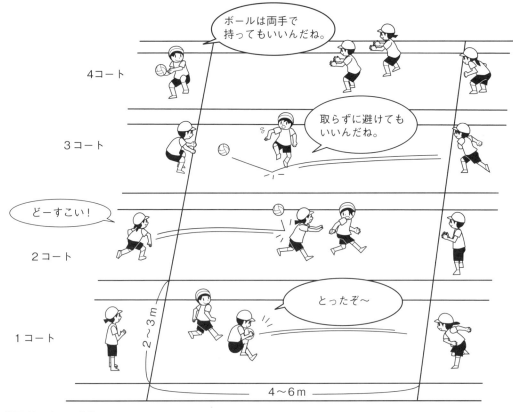

【運動の行い方】
- ステップ２「はしごドッジボール（キャッチあり）」と同じルールで行う。ただし、内野はキャッチしても得点にはならない。
- チームの入れ替えをするときは、勝ったペアを左の線上に、負けたペアを右の線上に立たせ、順番に移動をすると混乱が少ない。

【ワンポイントアドバイス】

■学習カード

はしごドッジボール

　　　　　ねん　　　くみ　　　ばん　　なまえ

じかん	ひにち	どすこいなげができましたか？〇しましょう。	なんてんとれましたか。かずをかきましょう。	
1		できた・できなかった	てん	
2		できた・できなかった	てん	
3		できた・できなかった	てん	
		できたら〇しましょう。	ドッジボールのてんすう	
			1かい目	2かい目
4		あてる・よける	てん	てん
5		あてる・よける	てん	てん
6		あてる・とる	てん	てん
7		あてる・とる	てん	てん
8		あてる・とる	てん	てん

評価：〇はしごドッジボールで当てることができる
　　　◎はしごドッジボールで当てたり捕ったりすることができる

（岩﨑真之介）

ゲーム

投げて！ 渡して！ ドーナツゲーム

教材のよさ　・止まっている的なので狙いやすく、当てやすい。
　　　　　　・守りがいないので、落ち着いてパスができる。

【ステップ2】ドーナツゲーム

【運動の行い方】
- チームは3人から4人の2チーム対抗戦。
- 3回パスをしたらシュートする。当たってコーンが落ちたら1点。当たらず転がったら、やり直しか次の2人がスタート。
- 当てたらコーンを直し、ボールも拾いに行く。次の2人はコーンを直したら出てよい。
- 制限時間内に何点取れるかで勝敗が決まる。
- 攻め2人対守り0人で行う。
- 勝ったチームは上のグループ、負けたら下のグループに移動する入れ替え戦方式

【ねらい・単元計画】 1回25分程度
○パスやシュートを通し、投捕技能を高めることができる。

1～3	4～6
【感覚と技能のベースづくり】 1分間キャッチ	
【ステップ1】コーン落としゲーム	【ステップ2】ドーナツゲーム
他領域	

【感覚と技能のベースづくり】

1分間キャッチ（30秒でもよい）

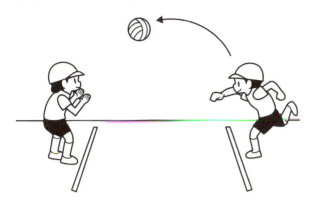

・2人組を作り、約4～6mほど間隔を取り、お互いに投げあう。1分間で取れたボールの数を数える。

【運動の行い方】
・先にボールを投げるほうを決める。
・合図で、お互いに投げあう。
・バウンドしたボールでもよいので、とにかく取れたら1点とする。
・「やめ」の合図でその場で座り、ペアごとに数の確認を行う。

★ここが大切!!　運動の方法

　下に投げてしまう子は、床にある目印を超すように指導するとよい（体育館のラインなど）。

ボールの捕り方

しっかりかまえるよ！

正面の構え

側面の構え

・両手を胸の高さまで上げて、投げる相手を見る。
・足を肩幅よりやや広げた姿勢。

★ここが大切!!　運動の方法

　低学年は、「こい」などの声を出すこと、教師が「しっかり構えましょう」などと言うことでやる気が生まれ、積極的に行うようになる。そのような雰囲気づくりや忘れがちな構えの視点なども指導をする。

【ステップ1】コーン落としゲーム

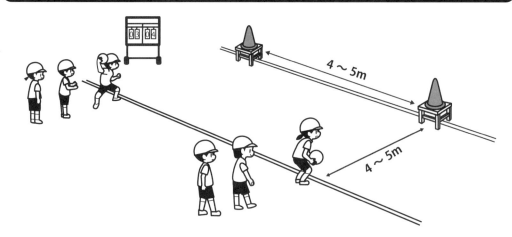

【運動の行い方】

- 1チーム3～4人の2チーム対抗戦。人数が異なっても特に問題はない。
- 得点は、ポートボール台の上のコーンを落としたら1点とする。台がない場合は、ダンボール箱の上に乗せたり、地面に置いたコーンを倒すでもよい。
- 投げる距離は4～5m（実態に合わせる）。
- 得点した子はコーンを直し、ボールを仲間に渡し、得点板を自分でめくるようにする。
- 時間は1分～1分半で行う。終了時の点数をそのチームの点数とする。
  （班のボールは学年に応じ1つ又は2つで行う）
- 勝ったチームは上のグループ、負けたら下のグループに移動する入れ替え戦方式。
- サイドライン、バックラインはない。隣の台との間は4～5m程度空ける。

道具

ポートボール台、イス、段ボールなど

【ワンポイントアドバイス】

★線をまたいで（体重移動）投げさせるために声掛けを徹底する。
- 「どすこい投げでなげよう」
- 「線をまたごう」
- 「どーすこい、と声をだそう」など終始声をかけることが大切。

■学習カード

ドーナツゲーム

　　　　　ねん　　　くみ　　　ばん　　なまえ

日付	1回目	2回目	3回目	4回目	5回目	6回目
1分間キャッチ	かい	かい	かい	かい	かい	かい
だるま落としゲーム	てん	てん	てん			
	てん	てん	てん			
	てん	てん	てん			
ドーナツゲーム				てん	てん	てん
				てん	てん	てん
				てん	てん	てん

ふりかえり（さいごのじゅぎょうでかきます）

★ボールをじょうずになげるためのコツやポイントをかきましょう。

★ともだちとなかよくだるまおとしゲームをするためにどんなくふうをしましたか、かきましょう。

評価：〇パスやシュートができる　◎スムーズなパスやシュートができる

（原田和馬）

ゲーム

みんなでねらえ！ ボールけり（的当てゲーム）

教材のよさ
・ボールをける技能を身につけ、思いっきりける爽快感や的をねらう楽しさを味わうことができる。
・攻守に分かれて得点を取り、勝敗の面白さを味わうことができる。

【ステップ3】サークル的当てシュートゲーム

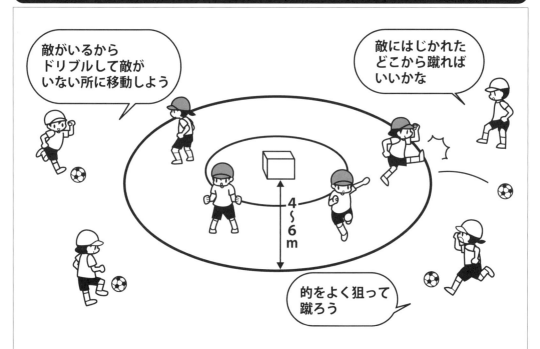

【運動の行い方】
・1チーム男女混合で4〜6人編成とする。
・1ゲーム3分程度とする（前後半で6分）。インサイドキックで蹴る。的に当たったら1点。
・的を囲う円には誰も入ることができない（半径1m）。
・前後半で攻守を入れ替える。前半：攻撃→後半：守備　前半：守備→後半：攻撃
・全員が的を当てることができたらボーナス点をつけるなど工夫もよい。
・ボールは空気を抜いて弾まず、転がりにくくする（技能差・恐怖心の軽減）。
・どうするとシュートを打ちやすいかを考えながら行うとよい。
・ドリブルが難しい場合は、ボールを持って移動してもよい。

【ねらい・単元計画】1回25分程度
○ボールを思いっきりけることや的をねらって蹴ることができる。

1	2・3	4・5
【感覚と技能のベースづくり】パス＆パス、ドリブルストップ		
【ステップ1】かっとばしキック	【ステップ2】的当てシュートゲーム	【ステップ3】サークル的当てシュートゲーム

【感覚と技能のベースづくり】

パス&パス

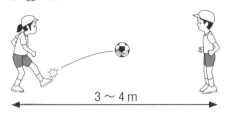

○パス&パス（何回）
- 2人1組（3人1組）でパス練習をする。
- 30秒で何回パスが通せたか数を数える。

ボールは足の裏かインサイドでとめよう!!
押さえたり、足を引いて柔らかく。

ドリブル&ストップ

- 1人ボールを1個持ち、ドリブルをする。
- 合図があったら足の裏やおしりなどで止める。それを繰り返す。

ボールが遠くへ行かないように気を付けよう。

笛がなったら足の裏で止めよう。

次はインサイドで止めようかな。

【ステップ1】どこまでインサイドキック

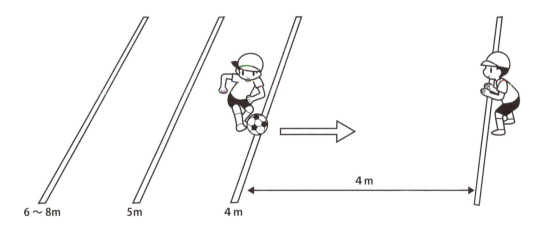

6〜8m　　5m　　4m　　4m

★ここが大切!!　運動の方法
- 2人組で離れて、順番にボールを置いてインサイドキックで蹴る。相手はボールが後ろへいかないようにキャッチする。
- 最初は4mから蹴り、ゴロで相手がキャッチできたら10点、40点とれたら次のラインにさがっていく。
- ボールが相手に届くように、少し助走をつける。

※ぶつからないようにできるだけ横の間隔をあける。

【ステップ2】 的当てシュートゲーム

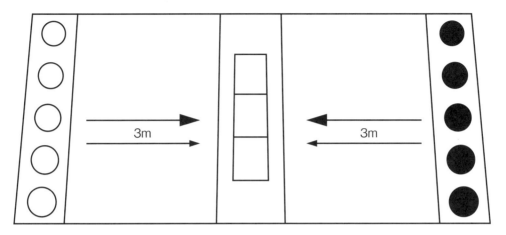

★ここが大切!!　運動の方法
・チームはステップ3と同じチームで行う。
・的からの距離2.5m離れた所から、ボールをおいて的に向かってボールを蹴る。
・的(段ボール)をコート中央に3つ並べる。
・1人ずつ順番に蹴る。
・1ゲーム5分とする。
・時間内で、3つの的をどれだけ相手コートへ動かすことができたかで勝敗をつける。
※的は実態に合わせて個数を増やすとよい。

【ワンポイントアドバイス】

①インサイドでボールを蹴ろう

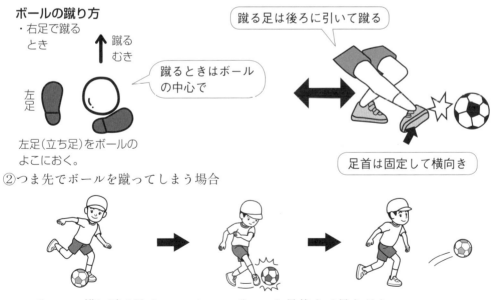

・口伴走などで動きを確かめるとよい。
　「イチ！」→ボールの横に軸足を置く。　「ニ！」インサイドでボールを蹴る。

■学習カード

みんなでねらえ！ ボールけり（まとあてゲーム）

_____ねん _____くみ _____ばん なまえ _____

＜チームめい＆メンバー＞

チームめい	1	2	3
	4	5	6
しあいけっか	／	／	／
	かち　まけ	かち　まけ	かち　まけ
	／	／	／
	かち　まけ	かち　まけ	かち　まけ
	／	／	／
	かち　まけ	かち　まけ	かち　まけ

ふりかえり（◎よくできた　○できた　△もう少し）

	①	②	③	④	⑤
ひづけ	／	／	／	／	／
ボールをおもいっきりけることができた。					
チームできょうりょくしてゲームをすることができた。					
あんぜんにきをつけてうんどうすることができた。					

ボールをけるコツをかこう

評価：○ボールを思いきりけることができる
　　　◎的をねらってボールをけることができる

（長野翔太郎）

ゲーム

ゲーム

思い切り蹴って！たまごわりサッカー

教材のよさ　・たまごに見立てたゴールを楽しんでわることができる。

【ステップ3】たまごわりサッカーⅡ

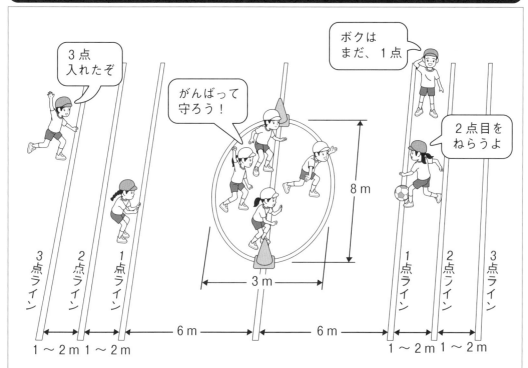

- 攻撃のチームは、シュートラインに分かれて順番にボールを蹴る。真ん中の楕円を通過したら自分で選んだシュートラインに応じて得点。
- 守備のチームは、蹴られたボールが楕円を通過しないように身体を使って止める。
- 3分間で攻守交替とし、得点の多いチームの勝ち。
- 勝ったチームは上のグループ、負けたら下のグループに移動する入れ替え戦方式。

【運動の行い方】
- 1チーム3～4人。人数が異なる場合は守備の人数を少ない人数に合わせる。
- ボールは、ウレタン製ボールやスマイルキッズサッカーボール4号（MIKASA製）等を使用する。

【ねらい・単元計画】1回20分程度
○止まっているボールを力強く蹴ることができる。

1～3	4～6	7・8
【感覚と技能のベースづくり】パスパス・転がしキャッチボール		
【ステップ1】どこまでキック	【ステップ2】たまごわりサッカー	【ステップ3】たまごわりサッカーⅡ

【感覚と技能のベースづくり】

①パスパス

★ここが大切!!　運動の方法
・30秒で何回パスできるかを競う。
・最初は4m。5回を越えたペアは1mずつ距離を伸ばす。
・クラスの実態に応じて、受けて側は手で止めても良い。

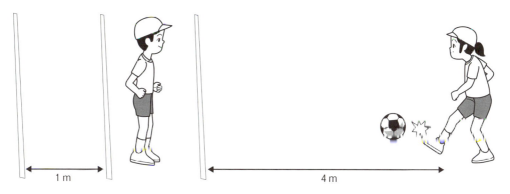

②30秒転がしキャッチボール

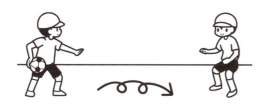

★ここが大切!!　運動の方法
　3〜4mの距離をとり、ボールを転がして相手が捕る。ボールを捕るときは、膝を曲げて腰を落としてキャッチする。慣れてきたら、片手で少し強く転がしてキャッチしたり、転がす距離を伸ばしたりする。

【ステップ1】どこまでキック

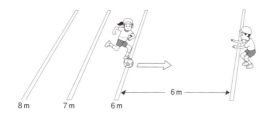

★ここが大切!!　運動の方法
・ラインからボールを蹴り、ノーバウンドで、仲間のいるラインまで飛んだらクリア。クリアしたらひとつ後ろのラインで挑戦する。
・慣れてきたら、3〜4人グループで、1人2回ずつ蹴り、飛距離のよい方を得点とし、競うとよい。
・1位の子はひとつ上のコートに上がり、最下位の子はひとつ下のコートに下がる（85ページ参照）。
・上記のような入れ替え戦で行うと、後のチームづくりの参考データにも使うことができる。

【ステップ2】たまごわりサッカー I

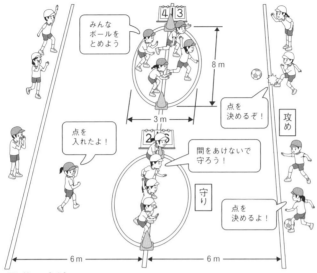

★ここが大切!!　運動の方法
・攻撃のチームは、シュートラインに分かれて順番にボールを蹴る。真ん中の楕円を通過したら得点。
・守備のチームは、蹴られたボールが楕円を通過しないように身体を使って止める。
・3分間で攻守交替とし、得点の多いチームの勝ち。

【ワンポイントアドバイス】

①攻め方

・空いている場所を狙うように声をかける。
・ボールは蹴らない方がセットする。

②守り方

・次のような工夫ができる。
①広い範囲を守れるように、同じ場所に固まらない。
②男女で交互に並ぶ。
③楕円の中で前後になる。

■学習カード

たまごわりサッカー

ねん　　くみ　　ばん　　なまえ

ひづけ		とくてん		かちまけ	次のコート
		じぶん	チーム		
/					
/					
/					
/				○　×	
/				○　×	
/				○　×	
/				○　×	
/				○　×	
/				○　×	

ボールをつよくけるにはどうしたらいいかな？
（さいごのじゅぎょうでかきます。）

評価：○力強くボールを蹴ることができる　◎力強くボールを蹴って得点できる

（早川光洋）

表現

遊園地に行こう

教材のよさ
・体を動かし、いろいろな乗り物になりきることができる。
・友達の動きに合わせたり反対の動きをしたりして、楽しく活動することができる。
・自分たちのイメージを膨らませながら、いろいろなお話を作ることができる。

【ステップ2】遊園地の乗り物に乗ろう！

【運動の行い方】
・4～6人のグループを作る。
・体育館を自由に使い、先生のお話にそって遊園地の乗り物になりきる。
・基本的な動きの特徴を捉えることができたら、コーヒーカップ・お化け屋敷・ゴーカートなどの場を作り、自分たちで工夫をしながら、動き作りやお話作りをする。
・最後に発表会をし、良かったところを発表する。

【ねらい・単元計画】1回25分程度
○遊園地にある乗り物の特徴をとらえ、全身を使って表現することができる。
○友達と協力し、動きを工夫しながら楽しく活動することができる。

1～4	5・6
【感覚と技能のベースづくり】体じゃんけん等	
【ステップ1】いろいろな動き作りをしよう	【ステップ2】いろいろな乗り物になろう

【感覚と技能のベースづくり】

○体じゃんけん  ○走って！ 止まって！ ハイポーズ！

体じゃんけんをして、動きを大きく動かそう!!

太鼓のリズムに合わせて、走ったり、止まるよ！

○ポーズに条件を付けて

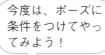
今度は、ポーズに条件をつけてやってみよう！

・手足を大きく開いたポーズ　・体をまるめたポーズ　・手をついたポーズ　・手足を伸ばしたポーズ

○まねしてポーズ

・同じポーズ　　　　・反対のポーズ　　　　・手をつないで、動きを合わせよう

★ここが大切!!　運動の方法
- 軽快な曲を2～3曲を用意し、リズムに合わせて自由に踊る。
  （例）ロックではブギーマン、サンバではリオ2010、ゆずの「タッタ」やWANIMAの「やってみよう」等々
- 太鼓のリズムに合わせて走ったり、スキップしたりして、止まってポーズをする。
- 体と心がほぐれてきたら、ポーズに条件をつける。
   大きいポーズ　小さいポーズ　片手をついたポーズ　友達と考えたポーズ
- 2人組で体じゃんけんをする。勝った児童が先に走り、負けた児童が後に続く。負けた児童は勝った児童と同じポーズや反対のポーズをする。

【ステップ１】遊園地に行こう（ジェットコースターを例に）

【運動の行い方】
- ４〜６人のグループを作る。
- ジェットコースターの特徴を言わせてから、ジェットコースターのまねをする。
- 上手にジェットコースターのまねをしている子を見つけ、みんなでその子のまねをする。
- よい動きが見つからない時には先生のまねをさせる。
- 簡単なお話を作り、お話に合わせて表現遊びをする。
- コーヒーカップ・お化け屋敷・ゴーカートなどの表現遊びをする

【ワンポイントアドバイス】

- 動きの質を高めるために盛り上げる。
- 友達のまねをする。
- 動きカルタを作り、雰囲気を即興的に表現する

太鼓やラジカセを用意する。

カルタには乗り物や動き方を例示し、即興的に表現するときのヒントカードとなる。

■学習カード

ゆうえんちへいこう

ねん　　くみ　　ばん　　なまえ

◇◇

	今日なりきったのりもの	なりきることができた	げんきにたのしくできた。	ともだちとなかよくできた。	うごきをくふうすることができた。
1		○	○	○	○
2		○	○	○	○
3		○	○	○	○
4		○	○	○	○
5		○	○	○	○
6		○	○	○	○

まるのなかにかおをかこう

よくできた　😄

できた　🙂

もうすこし　☹️

◇がくしゅうのふりかえり◇

できたことをかこう！

うごき	
くふうしたこと	

評価：○遊園地の乗り物になりきることができる
　　　◎遊園地の乗り物を工夫してなりきることができる

（鍵森　英）

表現

すぐ使える！ 体育教材30選 小学校低学年

執筆者一覧

◆編著者
体育授業実践の会

●執筆　　　　　　　＊執筆時
松本格之祐	桐蔭横浜大学
木下光正	元天理大学
弘中幸伸	新座市立大和田小学校
保坂篤司	さいたま市立与野西北小学校
藤田昌一	さいたま市立春岡小学校
伊藤政久	川口市立安行東小学校
森　靖幸	富士見市立つるせ台小学校
松本大光	川俣町立川俣小学校
萩原雄麿	坂戸市立浅羽野小学校
佐藤哲也	荒川区立第五峡田小学校
原田和馬	聖ヨゼフ学園小学校
石坂晋之介	上尾市立今泉小学校
高橋明裕	さいたま市立原山小学校
結城光紀	伊奈町立小針北小学校
早川光洋	東京学芸大学附属世田谷小学校
倉内唯気	さいたま市立指扇北小学校
長野翔太郎	富士見市立ふじみ野小学校
山崎和人	北区立梅木小学校
岩﨑真之介	さいたま市立指扇北小学校
鍵森　英	大田区立梅田小学校

◎本文イラスト
　長谷川泰男・海瀬祥子

新学習指導要領対応
すぐ使える！ 体育教材30選 小学校低学年
～学習カード付き～

2019年8月15日　初版発行

編著者──体育授業実践の会
発行者──安部英行
発行所──学事出版株式会社
　　　　〒101-0021　東京都千代田区外神田2-2-3
　　　　電話 03-3255-5471
　　　　HPアドレス：http://www.gakuji.co.jp

編集担当　丸山久夫
装　　丁　林　孝一（電算印刷株式会社）
印刷製本　電算印刷株式会社

© Kakunosuke Matsumoto, 2019　Printed in Japan　　落丁・乱丁本はお取替えします。
ISBN978-4-7619-2504-8　C3037